安徽师范大学传媒视界丛书

图片编辑

陆青霖◎编著

安徽师范大学出版社
·芜湖·

责任编辑：王一澜
装帧设计：王 彤

图书在版编目(CIP)数据

图片编辑 / 陆青霖编著. — 芜湖:安徽师范大学出版社,2017.12
(安徽师范大学传媒视界丛书)
ISBN 978-7-5676-2903-5

Ⅰ.①图… Ⅱ.①陆… Ⅲ.①图片-编辑工作 Ⅳ.①G232.2②J4

中国版本图书馆CIP数据核字(2017)第113988号

TUPIAN BIANJI
图片编辑
陆青霖◎编著

出版发行：安徽师范大学出版社
芜湖市九华南路189号安徽师范大学花津校区　邮政编码:241002
网　　址：http://www.ahnupress.com/
发 行 部：0553-3883578 5910327 5910310(传真) E-mail:asdcbsfxb@126.com
印　　刷：安徽明星印务有限公司
版　　次：2017年12月第1版
印　　次：2017年12月第1次印刷
规　　格：787 mm × 1 092 mm　1/12
印　　张：8
字　　数：81千字
书　　号：ISBN 978-7-5676-2903-5
定　　价：108.00元

凡安徽师范大学出版社版图书有缺漏页、残破等质量问题,本社负责调换。

作者简介

陆青霖，1979年生，安徽金寨人

安徽师范大学新闻与传播学院教师

安徽省摄影家协会会员

安徽省工业设计协会会员

主要研究摄影、设计、视觉文化传播。

主讲“摄影图片编辑学”“计算机平面设计”“艺术品鉴赏与产业运营”等课程。

合著专著《摄影：设计的语言》。

获第二届安徽美术大展铜奖，安徽首届反腐倡廉公益广告大赛三等奖，第16届中国平遥国际摄影大展优秀海报设计奖。

获安徽首届CG数字艺术节“优秀指导教师”称号。

作品多次入选平遥国际摄影大展。

总 序

安徽师范大学新闻与传播学院成立于2010年5月，原名传媒学院，2015年1月改为现名。学院是学校应用性专业综合改革试验田，承载着创新办学模式和人才培养模式的使命。2013年，学院与中国人民大学、南京大学、武汉大学等高校新闻学院一起，入选中宣部、教育部10所部校共建新闻学院试点单位。根据部校共建新闻学院的协议精神，中共安徽省委宣传部和安徽师范大学围绕建设一流新闻学院、培养卓越新闻传播人才这一目标，共建管理体系、共商培养方案、共建核心课程、共建双师队伍、共建实验基地、共建研究平台，投入专项资金，推动新闻与传播学院加速发展成为特色鲜明、国内一流的现代化新闻与传播学院。

学院现有教职员工92人，其中专职教师（含实验系列）76人，高级职称36人，二级教授1人，博士（含在读）34人，博士生导师1人，硕士生导师31人，安徽省学术和技术带头人1人，享受国务院特殊津贴专家1人，皖江学者特聘教授1人。学院现有新闻学、广告学、网络与新媒体、文化产业管理、摄影、动画、播音与主持艺术I、播音与主持艺术II（空乘与礼仪）等8个本科专业。其中，新闻学、广告学、动画、摄影等4个专业为安徽省特色专业，播音与主持艺术专业为安徽省综合改革试点专业。学院拥有新闻传播学、戏剧与影视学2个一级学科硕士学位授权点，新闻与传播、广播电视2个专业学位硕士授权点。建有安徽省重点人文社科基地——“创意产业发展研究中心”和安徽省校企合作实践教育基地——“传媒与艺术综合实验中心”等。

自部校共建新闻学院工作开展以来，学院依托部校共建新闻学院的平台资源，发挥省属重点师范大学学科较为齐全的传统优势，确立“人文与科学并重、理论与实践结合”的目标定位，坚持以学科建设引领专业、学位点建设的发展之路。广大师生围绕马克思主义新闻观和中国特色社会主义新闻传播理论进行系统设计，开展专题研究，撰写了系列论著；打造课程群，组建专门教学团队，建设名师工作坊，编写了系列专业教材；进行创、采、写、摄、编、播、评、管一体化实践，取得了系列创作成果。学院在此基础上，策划了“安徽师范大学传媒视界丛书”，呈现学院在部校共建新闻学院工作中科研、教学、实践方面的成果。

出版“安徽师范大学传媒视界丛书”，旨在充分发挥部校共建新闻学院的平台优势，在新闻业务、中外新闻传播思想史、品牌传播、媒介文化、艺术传播等研究领域，促进高显示度的标志性成果产生，形成相对明确的学术格局，打造部校共建的安徽师范大学新闻与传播学院学术品牌。我们将以丛书出版为推动，强化团队建设，合理布局研究方向，突出研究的前沿性，将新闻传播学建设成省内一流、国内知名学科；不断提升团队科研能力，凝练研究方向，强化成果的学术水平，将戏剧与影视学建设成目标明晰、特色鲜明的学科；共同打造特色鲜明、优势明显的文化传播学研究团队。

根据学院规划，“安徽师范大学传媒视界丛书”分为学术成果、教材、艺术作品三个子系列。这其中既有学院特聘教授、学术骨干的精品，又有学术新锐、新传学子的力作；既有科研领域的最新探索，又有教学方面的长期思考；既有研究思考的宏观论述，又有实践育人的具体案例；既有隽永文字的深邃详述，又有优秀图片的精彩呈现……综合反映了学院师生在部校共建新闻学院建设中的理论与实务成果。

“安徽师范大学传媒视界丛书”是部校共建新闻学院“十个一工程”中重点项目之一。对此，安徽省委宣传部新闻处给予了充分肯定，并提出了指导性意见。学校领导以及相关职能部门一直关注新传学院的建设与发展，首批“传媒视界丛书”的出版正是他们的关心的成果之一。新传学院汇聚了新闻传播、品牌传播、艺术传播、文化传播等领域人才，展示出人文与艺术兼容、理论与实践并重的学科发展特色，呈现出“求真、至善、尚美、笃行”的学院文化风貌。学院成立了“安徽师范大学传媒视界丛书”编委会，负责进行丛书的评选等工作。第一届编委会成员由杨柏岭、胡靖、袁立庠、沈正赋、陈新平、马梅、赵昊、刘刚、秦宗财组成。同时，在策划“传媒视界丛书”的过程中，得到学院师生的大力支持，保证了丛书的质量。最后，特别要感谢安徽师范大学出版社领导对这套丛书出版的高度重视，感谢责任编辑为丛书出版所付出的辛勤劳动。我们将以“传媒视界丛书”为抓手，探索学院转型发展之路，以不辜负师生对学院发展的期待。

“安徽师范大学传媒视界丛书”编委会

二〇一七年七月

前　言

这是一部探讨图片编辑与处理技巧的专业书籍。该书从思考、提升摄影图片的价值、作用开始，结合具体设计项目展开，使摄影图片在社会不同的应用领域（如图书、报纸、杂志、包装、广告、企业和网络等）与大众传播渠道得到统一与调和，对有志于从事图片编辑、艺术设计、视觉传达等相关专业的工作者和从事摄影专业的学习者与创作者，具有较强的专业指导和现实意义。

我在编撰本书时，安徽师范大学新闻与传播学院摄影系的同人赵昊、刘刚、李化来、李楠、沈醒狮等给予我很大的帮助。感谢安徽师范大学新闻与传播学院摄影系的同学们，他们在专业学习中十分投入，他们的作品散发出巨大的能量，使教学相长得到提升与加速，亦使本书内容更为丰富与翔实。

因本书从多渠道选材，有些资料的作者姓名不详，所以未署作者姓名，敬请谅解。请相关作者和我联系，以便我妥善处理。

因作者能力和水平关系，本书难免存在不足与疏漏，恳请业内专家、同行批评、指正。

陆青霖

二〇一七年十月二十八日

目　录

第一章　摄影基础

第一节　摄影的历史和分类

摄影是指使用某种专门设备进行影像记录的过程，是物体通过所反射的光线使感光介质曝光的过程。

摄影一词的英文“Photography”源于希腊语φως（光线）和Ζωγραφική（绘画、绘图），它们在一起的意思是“以光线绘画”。

摄影的原理：曝光的过程。光通过小孔（透镜组）进入暗盒，在暗盒背部（光的射入方向）的介质上感光成像。

后期制作：照相完成后，介质所存留的影像信息必须通过感光手段和介质特性的转换形成具体影像。传统胶片照相机，需显影、定影、水洗、烘干等工序。数码摄影则需要处理器和专业软件对数据进行计算与处理，再通过相关设备输出。

一、摄影的历史

中国对光和影像的研究，有着十分悠久的历史。公元前的《墨经》一书就记载了有关光学的知识以及平面镜、凹面镜、凸面镜成像。到了宋代，沈括在《梦溪笔谈》一书中，详细叙述了“小孔成像”的原理。

文艺复兴时期，欧洲出现了供绘画用的“成像暗箱”。

19世纪，巴黎天文台总监D.F.阿拉戈在法国科学院召开的会议上，向法国政府推荐了达盖尔的“银版摄影术”发明专利。不久，法国科学院和美术学会联合召开了特别会议，公布了“达盖尔银版摄影术”。于是，世界上第一台可携式木箱照相机诞生了。

1841年，光学家沃哥兰德发明了世界上第一台全金属机身的照相机。该相机安装了世界上第一只经数学计算设计出的、最大相孔径为1∶3.4的摄影镜头。

1845年，德国人冯·马腾斯发明了世界上第一台可摇摄150度的转机。

1849年，戴维·布鲁斯特发明了立体照相机和双镜头的立体观片镜。

1861年，物理学家麦克斯韦尔发明了世界上第一张彩色照片。

1866年，德国化学家肖特与光学家阿具在蔡司公司发明了钡冕光学玻璃，产生了正光摄影镜头，使摄影镜头的设计、制造得以迅速发展。

1888年，美国柯达公司生产出了新型感光材料——柔软、可卷绕的“胶卷”。同年，柯达公司发明了世界上第一台安装胶卷的可携式方箱照相机。

1906年，美国人乔治·希拉斯首次使用了闪光灯。

1913年，德国人奥斯卡·巴纳克研制出了世界上第一台135照相机。

关于照相机发展的三个阶段，学界说法不一，我们在此采用以下观点。

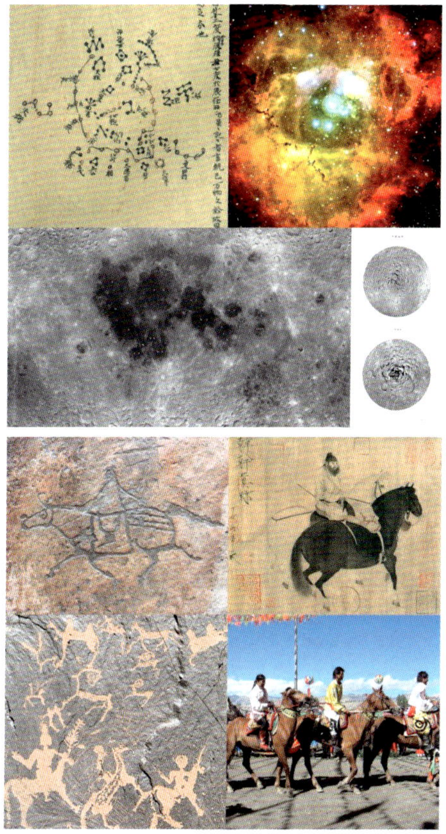

图1-1　资料图片

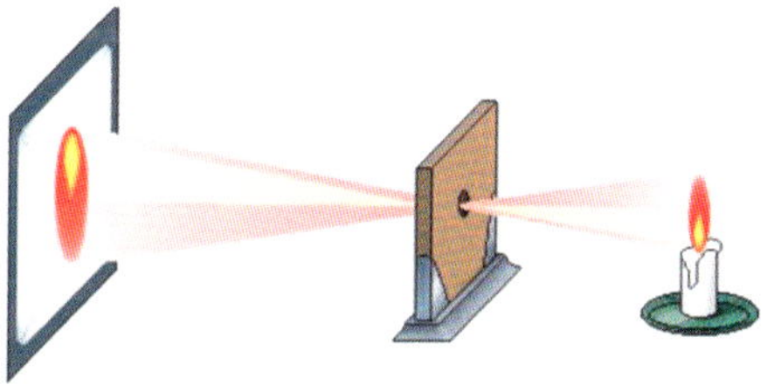

图1-2　“小孔成像”原理

图1-3　世界上第一幅永久性照片

图1-4　抽屉式木制座机（1852年法国制造）

1839年至1924年为照相机发展的第一阶段。此阶段出现了新颖的纽扣形、手枪形等照相机。

1925年至1938年为照相机发展的第二阶段。这段时间内，德国的莱兹、罗莱、蔡司等公司研制、生产出了小体积、铝合金机身等双镜头及单镜头反光照相机。

在此阶段，照相机的性能逐步提高，光学式取景器、测距器、自拍机等被广泛采用，机械快门的调节范围不断扩大。照相机制造业开始大批量生产照相机，各国照相机制造厂纷纷仿制莱卡型和罗莱弗莱型照相机。黑白感光胶片的感光度、分辨率和宽容度不断提高，彩色感光片得到推广，使摄影队伍迅速扩大并走向专业化。

图1-5　资料图片

1939年之后为照相机发展的第三个阶段。此阶段的前期即20世纪60年代之前，黑白、彩色胶片的质量有了进一步提高，光学工业制成了含有稀有元素的新型光学玻璃，如镧、钛、镉等玻璃，从而更好地校正了摄影镜头的像差，使镜头向大孔径和多种焦距的方向迅速发展，因而出现了变焦、微距、折反射式、广角等多种摄影镜头。此后，镜头单层镀膜得到普遍推广，照相机出现了计数器自动复零，反光镜自动复位，半自动和全自动收缩光圈等结构，照相机的质量、产量开始飞速发展。

从20世纪60年代初至今为第三阶段的后期。在这期间，日本的小西六摄影公司生产出世界上第一台自支调焦照相机——柯尼卡C35A型135照相机，接着日本又生产出世界上第一台双优先式自动曝光照相机——美能达XDG型135单镜头反光照相机，开创了一台相机具有多种曝光功能的先河。

与此同时，光学传递函数理论进入了光学设计领域，出现了成像质量高、色彩还原好、大孔径、低畸变的摄影镜头。同时，镜头向系列化发展，由焦距几毫米的鱼眼镜头到焦距长达2米的超摄远镜头，并有了透视调整、变焦微距、夜视等；电子技术逐渐深入照相机内部，多种测光、高精度的电子镜间快门，电子焦平面快门以及易于控制的电子自拍机等纷纷出现；曝光补偿、存储记忆、多记录功能、电动上弦卷片、自动调焦等各种功能得到日益精美的应用；各种新型照相机伴随着高科技的发展不断问世，从而为摄影者的创作提供了十分精良的设备。

二、摄影的分类

1. 新闻摄影

新闻摄影是以新闻事件和人物为表现对象的摄影。要求在新闻现场进行真实和具有代表性的瞬间抓拍，以更好地记录新闻事件，反映社会生活，表现人物的精神面貌。

新闻摄影的概念有广义和狭义之分。广义的新闻摄影泛指利用摄影手段报道新闻的活动，不仅包括照相机，摄影机、摄像机也在此列。狭义的新闻摄影专指以照相机为工具，以摄影图片为手段，以印刷品为媒介的新闻摄影报道活动。我们通常提到的新闻摄影及新闻照片都是狭义的新闻摄影。根据新闻事件的发生、发展，新闻摄影可分为两类：事件性新闻和非事件性新闻。事件性新闻可分为预知事件新闻和突发事件新闻。

图1-6　傅拥军　《西湖边的一棵树》

2. 商业摄影

商业摄影是以商品为主要拍摄对象的摄影，通过反映商品的结构、色彩、造型、材质和功用等特点，引起消费者的兴趣和购买欲望。商业摄影是传播商品信息、促进商品流通的重要手段和方法之一。

1856年，美国纽约的《每日论坛报》第一次采用湿版法照片为一家帽子店做广告。发表于1889年的“麦片粥”广告，作者是M·威金斯，采用了干版感光材料制作广告画面，画面清晰的影像征服了消费者，宣传的效果大大增强。19世纪末，网版印刷制版技术的出现使照片的印制在价格上和质量上真正为客户所接受。

图1-7　爱德华·斯泰肯　《池塘月色》

3. 纪实摄影

纪实摄影是摄影者对社会生活中具有典型意义的人、人与物、人与环境的关系做相对客观的、真实的专题表达，使观众对描写对象给予关注和正确认识的一种摄影艺术形式。纪实摄影重视题材的选择与表现，强调社会的现实意义和人文关怀，表现出对环境的关注，对生命的尊重，借助影像重现历史，促进社会变革，使摄影成为参与社会改造的工具之一。

纪实摄影的根本特征是真实性和社会性。早期的纪实摄影，不仅对人物肖像、政治活动、战争进程进行记录，而且在考古、城市建设、工业文明等方面也进行客观的、真实的专题拍摄和报道。2006年2月14日晚，在美国纽约索斯比的一场拍卖会上，美国摄影家爱德华·斯泰肯1904年摄于纽约长岛的《池塘月色》(48.3厘米×40.6厘米)以292.8万美元的价格成交。同年11月23日，中国北京华辰秋拍会上，中国“希望工程”标志影像——解海龙1991年在大别山拍摄的《大眼睛》(高51厘米，宽34.8厘米，收藏级工艺，编号为24，限量30张，有作者签名)以30.8万元的价格成交。人们从这两次拍卖中，不仅看到了摄影作品的市场价值与收藏魅力，而且看到了固态的文化和瞬间的艺术。

图1-8　资料图片

4. 观念摄影

观念摄影是通过摄影作品传递出作者的某种观念，超越基础的、浅显层面记录其状态，尝试以摄影为媒介，展现摄影者对人类自身生存状态或社会、文化、意识剖析的思考，提出一些时代性的话题，以期引发更多的、更深层次的思辨。观念摄影往往不是给出一个结论和答案，而是有多种可能性的意味，让观众有自己的理解与认知。从美学认知的角度出发，这也符合审美的基本规律。如果一幅照片或者一组照片把问题和内容都说得明明白白了，观众得不到属于自己的概念与空间，作品的艺术性也就无所依存。

“因为心中有，所以看得见。”1857年，雷兰德的摄影作品《人生的两条道路》，将戏剧、版画、绘画与摄影融合起来。他重视画面情境、气氛和人物内心冲突，这幅作品带有强烈的寓意性和宣泄性，同时完全保持画面的结构稳定、均衡和带有明显古典意味的和谐，以戏剧性的场景传达了关于人生的说教。他调用16个以上的模特，用了30多张底片，在两张相纸上叠印，耗时六周。这幅作品构建出一个寓意性的场面：一位先哲引领两个青年走入人生之路，其中一个青年崇尚宗教，勤劳向善，具有可敬的美德；另一个青年奔向享乐世界，染上赌博、酗酒等恶习，以致失去理智，走向死亡。

根据摄影的作用和表现，还可将摄影分为天文摄影、显微摄影、水下摄影、航空摄影、全息摄影、红外摄影等。

第二节 摄影的软、硬件

一、照相机的类型

根据照相机的体积、所用感光片的尺寸以及其用途，我们一般把照相机分成大型照相机（使用90×120毫米以上散页片）、中型照相机（使用120、127、220等胶卷的照相机）、小型照相机（使用135胶卷的照相机，有平视光学取景式、单镜头反光式）、超小型照相机（使用110或更小胶卷的照相机）。下面介绍几种常用的照相机。

1. 35毫米自动照相机

此款照相机是针对普通摄影爱好者设计的。其不可更换镜头，可自动从胶片暗盒的标记上“读取”胶片的感光速度，自动计算曝光量，自动聚焦影像，拍摄后自动将胶片卷到下一张，因其操作简单被称作“傻瓜相机”。

2. 35毫米直视取景照相机

这是35毫米照相机最早的一种款式，它与1913年设计的早期莱卡照相机的相似度非常高。它通过取景窗聚焦，往往并不能够显示出与胶片上完全一样的影像（这就是它与单镜头反光照相机的区别，后者取景器中的影像与记录在胶片上的影像完全一样），但是可以更换镜头，并为人为控制聚焦和曝光提供了最大的灵活度。

3. 35毫米单镜头反光照相机

这种照相机通过镜头直接观察和聚焦影像，它具有如下特点：①可以更换镜头，允许为每项工作选择合适的镜头；②所见即所得，可精确调整影像；③具有自动控制补偿选择等功能。

4. 英寸单镜头反光照相机

此种照相机类似于35毫米单镜头反光照相机，但这种较大的单镜头反光照相机通常用120卷片，并产生相应尺寸的底片。

5. 双镜头反光照相机

这种照相机有两个镜头，上面的镜头用于取景和聚焦，下面的镜头用于拍摄，所用胶片通常为120卷片，并产生相应尺寸的底片。

6. 一次成像照相机

这种照相机是由拍立得公司生产的，遗憾的是，其并不能提供令人满意的成像控制功能。其最常见的用途就是在摄影室内拍摄布光效果的“试验”照片。

7. 数码照相机

数码照相机的英文全称是Digital Camera，简称DC，这是一种利用电子传感器把光学影像转换成电子数据的照相机，集光学、机械、电子于一体。它集成了影像信息的转换、存储和传输等部件，画面立拍立现，选择精准；具有实时拍摄、数字化存储模式和与电脑交互处理等特点。近年来，它的功能不断增加，像素不断增加，拍摄效果越来越好，色彩还原和色彩范围不再依赖胶卷的质量。同时，光电转换芯片能提供多种感光度选择。

图1-9　资料图片

二、照相机与镜头

1. 照相机

照相机类似于一个不透光的盒子，盒子的材料可以是金属、木头、塑料等，只允许需要的光线通过其上面的圆孔进入，并阻挡不必要的光线进入。可以把照相机分为如下几类。

(1) 特殊照相机

特殊照相机是为适应某些特殊环境和功用而设计的。

(2) 微型照相机

微型照相机适用于拍摄快照，但其画幅限制了影像质量。

(3) 半幅照相机

半幅照相机拍摄的影像只是普通35毫米画幅的1/2，现已不再生产。

(4) 防水照相机

防水照相机采用防潮的机身和密封的调节装置，适合在雨天或其他潮湿环境下摄影。大多数防水照相机能自动聚焦，并具有标准和广角镜头的选择功能。这种照相机可以带入水下，但不能用于深水摄影。

(5) 水下照相机

水下照相机的机身采用特制的刻度调节盘，易在水中辨认。同时，还采用粗大的外部调节器用于调焦，选择快门速度和光圈。由于水的折射效果提高了放大程度，故防水镜头的焦距必须比普通镜头的稍短一些。

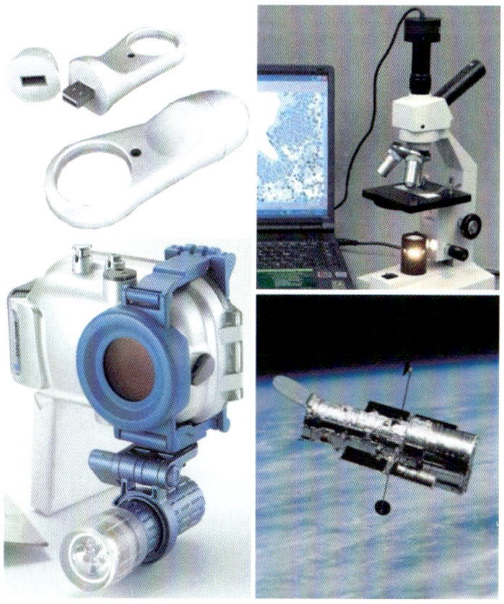

图1-10　资料图片

(6) 全景照相机

全景照相机在曝光时能呈120度、180度或360度取景，这大大方便了风光摄影。这种照相机绝大多数能在快门曝光的同时，通过镜头轴后部的垂直切口旋转镜头或整架照相机。拍摄时，照相机必须固定在三脚架上，以保证与地平线呈水平状态。

(7) 大画幅照相机

大画幅照相机既有单轨结构，又有基板结构。此类照相机通过按住镜头架和镜头沿单轨轨道或折叠式基板滑动调节伸缩皮腔，实现聚焦效果。拍摄使用4×5英寸（10.2×12.7厘米）的散页胶片，可印放高质量、高分辨率的照片。

(8) 静态视频照相机

静态视频照相机采用传统的镜头，但它用一张软盘记录影像，而非感光胶片。位于照相机内镜头后的电荷耦合器件蚀刻着成千上万个受光体，每一个受光体都能产生一个根据所受光量变化的电荷。从软盘中也能制作出照片，但一般是通过电视观看。

其他还有天文照相机、显微照相机等。

2. 镜头

简单的镜头是由一片曲面玻璃或塑料制成的，复杂些的镜头是由透镜单元的两片或多片光学玻璃组成的，并将所有透镜单元组装在一起，成为

图1-11　资料图片

图1-12　资料图片

图1-13　资料图片

一个整体。

照相机的镜头可以分四类：标准、广角、变焦和长焦。由于焦距受照相机画幅的支配，不易确定每类镜头的焦距。标准镜头的焦距与影像画幅的对角线大致相等。对35毫米单镜头反光照相机而言，其底片的对角线长约50毫米，因此焦距为50—55毫米的镜头被认为是标准镜头，而80毫米的镜头被认为是中长焦镜头。6×6厘米底片的对角线长约80毫米，所以80毫米的镜头为中画幅照相机的标准镜头。使用带标准镜头的35毫米单镜头反光照相机和中画幅照相机拍摄同一场景，相同被摄体部分大致成相同的比例，但底片尺寸往往不同。

（1）标准镜头

用标准镜头拍摄的影像与我们用裸眼看的景物大致相同。大部分35毫米单镜头反光照相机都配备一只标准镜头，也可以换用焦距较短的或较长的镜头。标准镜头的最大光圈孔径往往比较大，因此适合在低照度下使用。标准镜头适用于拍摄大部分户外景物。常规画幅的标准镜头焦距为：①30毫米画幅的标准镜头焦距为50毫米；②普通的广角镜头焦距为28毫米；③普通的长焦镜头焦距为80毫米。

（2）广角镜头

广角镜头比标准镜头的视角宽，有利于拍摄群体像或在狭窄的空间里摄影。如果在使用时太靠近被摄体，可有会出现影像变形现象，无论光圈调在哪一级，其景深都比较大。所以，当被摄体的每一部分都必须清晰再现时，使用广角镜头就十分见效。广角镜头适用于拍摄内景。

（3）变焦镜头

变焦镜头可通过调节焦距来仔细调整被摄体的画幅。每一只变焦镜头包括了三四只固定焦距的镜头的焦距范围，为使用者的合理消费带来巨大的灵活性。因为无需考虑镜头的更换，所以错过重要瞬间的可能性也相应降低。变焦镜头适用于拍摄动态画面。

（4）长焦镜头

在拍摄远距离的大影像时，或使用较短的镜头无法靠近被摄体时，长焦镜头就显得十分有用。因为长焦镜头分量重，所以利用其高速快门速度，可以避免照相机抖动。在这方面，长焦镜头比分量较轻、焦距较短的镜头显得更为重要。远摄镜头是一种结构小巧、长度较短的长焦镜头。长焦镜头适用于拍摄自然、历史题材。

3. 取景器

取景器能够把将要记录在胶片上的影像近似地显示出来，可以帮助摄影者组织画面。有些照相机的取景器就是简单的观察窗口，而单镜头反光照相机的取景器则是由反光镜和棱镜组成的，摄影者可以通过镜头直接观看影像。对于现在的数码照相机和摄像机来说，取景器往往是一个微型的电子显示屏。

4. 焦距

焦距是指从焦点到镜头透镜中心的距离。焦距的功能与作用：焦距长短与成像大小成正比，焦距越长，成像越大；焦距越短，成像越小。

镜头焦距的长短与视角大小成反比，焦距越长，景角越小；焦距越短，景角越大。焦距长短与景深成反比，焦距越长，景深越小；焦距越短，景深越大。焦距长短与透视感的强弱成反比，焦距越长，透视感越弱；焦距越短，透视感越强。焦距长短与反差成反比，焦距越长，反差越小；焦距越短，反差越大。

5. 光圈

光圈可根据镜头孔径大小的变化，控制到达胶片的光量。光圈是由一系列相互重叠的薄金属叶片组成的，叶片的离合能够改变中心圆形孔径的大小。可大可小的孔径可以增加或减少通过镜头到达胶片的光量。

有些照相机可以借助转动镜头筒上的圆环改变光圈孔径的大小，有些照相机则是利用微处理器芯片控制微电机自动地改变光圈的孔径。

6. 感光度

感光度表示感光材料感光的程度。感光度的单位用“度”或“定”来表示。感光度越高，胶片越灵敏，即在同样的拍摄环境下正常拍摄同一张照片所需要的光线越少，其表现为能用更高的快门速度或更小的光圈，但成像质量相对较低。200度的胶卷感光的灵敏度是100度胶卷的2倍，400度的胶卷感光的灵敏度是200度胶卷的2倍，其余以此类推。

我们在使用传统照相机时，可根据拍摄环境的亮度来选购不同感光度(速度)的底片。数码照相机借助改变感光芯片里讯号放大器的放大倍数来改变iso值。当iso值提升时，放大器也会把讯号中的噪声放大，从而产生粗微粒的影像。感光器件都有反应能力，这个反应能力是固定不变的。可通过两种方式提升数码照相机的iso：①强行提高每个像素点的亮度和对比度；②使用多个像素点共同完成原来只要一个像素点来完成的任务。

图1-14　陆青霖　《时间：先后》

7. 景深

摄影时向某景物调焦，在该景物的前后形成一个清晰区，这个清晰区称为全景深，简称景深。调焦时要注意：使用大光圈，景深小；使用小光圈，景深大；物距小，景深小；使用广角镜，景深大。决定景深的三个基本因素：①光圈，光圈大小与景深成反比，光圈越大，景深越小；②焦距，焦距长短与景深成反比，焦距越大，景深越小；③物距，物距大小与景深成正比，物距越大，景深越大。

8. 快门

快门是控制进入照相机光线时间长短的机械或电子装置。有些照相机转动一个旋钮或者按动一个按钮就可以设置快门速度，而另外一些照相机的快门速度是自动设定的。快门开启的时间即光线扫过胶片的时间（曝光时间)。例如，1/30指曝光时间为1/30秒，1/60指曝光时间为1/60秒，1/60秒的快门是1/30秒快门速度的2倍，其余以此类推。

9. 相关附件

（1）摄影包

摄影包要牢固、防水、透气、容积大，便于携带。

（2）快门线

快门线用于释放照相机快门，保证照相机的稳定性。

（3）滤光镜

图1-15　陆青霖　《时间：运动》

图1-16　陈阳　《空间：距离》

滤光镜可以保护镜头，还可帮助镜头实现特殊的效果。

（4）养护工具

养护工具一般包括不起毛软布、专用除尘纸、镜头清洁液、气刷、镊子、多功能小刀等。

（5）电子闪光灯

现场光线太暗或光比太大时，利用闪光灯进行适当辅助照明，可以克服镜头、胶片方面的不足，保证正常拍摄的需要和实现特殊的光线效果。

（6）三脚架

三脚架是拍摄过程中必不可少的，三脚架要轻便、稳定。

（7）笔记本电脑

笔记本电脑主要用于存储、编辑、处理相关的作品与资料。

学生作品展示

陈阳　《空间：距离》作品心得

摄影是一门瞬间的艺术。我喜欢把图片当作日志，用镜头书写自己生活中的点点滴滴。

天门山速降作为我们“风光摄影”野外拓展训练的一部分，在我的大学生活中留下了浓墨重彩的一笔，必将永远珍藏在我的记忆中。

当我看到同学从山顶速降，我就用自己手中的照相机记录下来，全景、中景、近景、特写一一被储存在了我的照相机中。当我把这些照片编排在一起的时候，它们恰好成为一个图片故事。我把它们作为一种影像日志保留了下来。

图1-17　陈阳　《空间：角度》

陈阳　《空间：角度》作品心得

八月，秋高气爽的季节，丰收的季节，而时下在北京举行的奥林匹克运动会，使今年的八月成为中国的八月。

看完奥林匹克运动会回到学校的我们，依然沉浸在比赛所带给我们的兴奋中。我带着这种兴奋，拍摄了一组安徽师范大学新校区奥运长廊的片子。起初，我只是想把这作为一种摄影日志，将每个运动的动作和大的场景、特写拍摄下来，以此来表现奥运的精神。后来，我感觉单张照片不具有足够的说服力。在老师的帮助下，我将几张不同场景的片子重新编辑成一张，这使整个画面发生了改变，变得更加具有说服力，更像一个图片故事，既有大场景又有近景和局部的特写。

有时候，单张照片可能缺乏说服力，或许把几张照片编排成一张，使其变成一个图片故事，可能效果会更好。

吴昊悦　《798：去来》《平遥：过往》作品心得

文件夹用日期命名，相片用原始数字保存，用拍立得记录画面，保留每天的单据、车票以及各种琐碎纸张……我的日子充满了“时间的印记”，如果没有它的存在，我想我会遗憾或者感伤。

也许一张张纸质图片就像一块块小拼图，无论是谁，把它们拼凑起来后，都会得到不一样的图案。不用疑惑别人的不同视角，也不用评判种种表达形式，大家都只是在演绎自己心里的那幅画，所以无论怎样，它都是美丽的。我很喜欢的一位插画家说以前自己画出一张好图就会高兴很久，如果画了让自己不满意的图就会生气地把它撕掉。他还说，现在画出一张好图只会略微开心。他说他想一直保持着可以随时撕掉过去的勇气。

是的，那个叫勇气的东西。

假设，可以一直这样记录身旁发生着的小小痕迹，那么在自己慢慢老去的某天，躺在阳光下，微笑着和家人一起欣赏若干年前的故事，一定是件幸福的事。

而我现在所能做的一切，都是为了日后这淡定的观望。

练习

主题：时间与空间。

内容：以人或物在生活中不同时间与空间下的特定状态作为表现内容，结合形式美的统一法则和规律，以“距离”为主题进行拍摄。注意拍摄的位置、角度和整体、局部之间的相互关系。

要求：拍摄对象的全景、远景、中景、近景和特写的不同塑造与表现，注意形式美法则的运用与统一。

图1-18　吴昊悦　《798：去来》

图1-19　吴昊悦　《平遥：过往》

第二章 图片基础

第一节 信息与联想

一、信息

图2-1 资料图片

21世纪，世界、地区、国家、人与人之间的联系密切，交流频繁。人们每天通过不同的手段和媒介获得各种各样的信息。整个社会在广度和深度上广泛运用信息化理论、方法和技术，有效地开发、利用信息资源，处理社会实践中的诸多问题，有力地推动了经济的发展和社会的进步。信息作为管理的基础，决策的依据，竞争的第一要素，成为比物质、能源更重要的资源。

1. 信息的含义

信息是以物质介质为载体，以声音、语言、文字、图像、动画、气味等方式表示的有意义的资料和实际内容，传递和反映世界各种事物存在的方式及其运动的表征。信息是客观事物状态和运动特征的一种普遍形式，是物质运动规律的总和。

信息可分为如下几类。①宇宙信息：指宇宙中恒星不断发出的各种电磁波信息和行星通过反射发出的信息，它们形成了直接传播的信息和反射传播的信息。②地球自然信息：指地球上的生物为繁衍、生存而表现出来的各种行为和形态，生物运动的各种信息以及无生命物质运动的信息。③人类社会信息：指人类通过手势、眼神、语言、文字、图表、图形和图像等所表示出的关于客观世界的间接信息。

2. 信息的形态

信息一般有四种形态：声音、数据、文本、图像。这四种形态可以相互转化，例如照片被传送到计算机，计算机就把图像转化成了数字。

3. 信息的特点

①识别与存储：以一定方式予以识别并用不同的方式存储在不同的介质上。②转换与传输：信息可从一种形态转换为另一种形态，信息可依附于某种载体进行传输。③处理与还原：以一定手段进行处理并以不同的形式还原。④时效与时滞：任何信息的传播需要一定的时间，在特定的时间内是有效信息。⑤扩散与共享：同一信源可以供给多个信宿，并且一种信息可以被多次、重复利用。

信息具有客观普遍性与表达流动性的特征。信息和物质世界的内部规律需要人借助五官、思维，用识别、监测等技术手段来获取。消息是信息的外壳，信息是消息的内核；信息不同于信号，信号是信息的载体，信息则是信号所荷载的内容；信息不同于数据，数据是记录信息的一种形式，同样的信息也可以用文字或图像来表述。信息也不同于情报和知识。总之，信息即事物运动的状态与方式。

现代信息的传递方式有报纸、海报、电视、网络等。

4. 信息的传播

当人类有了语言、文字和绘画等传递信息的手段之后，人类就脱离了动物的蒙昧状态，进入了文明社会。因为信息的交流使人类可以掌握更多的经验和知识，从而向前发展。

语言用声音来传递信息，文字用书写符号来传递信息，绘画用图像来传递信息，声音、符号、图像就成为人类传播信息的主要形式。人类只有通过这种表达才能够互相沟通和理解。因此，我们可以说，声音、符号和图像是人类特有的三种传达信息的形式。

人类的信息活动有语言的获得，文字的创造，印刷术的发明，摩尔斯电报技术的应用，计算机网络的应用，等等。

（1）视觉信息传播轨迹

信源（拍摄）—信息（内容）—符号（载体）—信道（媒体）—受众（观众）。

（2）视觉信息传递过程

信源（拍摄对象）—发信者（造型、编码与输出）—信道（形象与画面）—发信者（观者认知、解码与输入）—信宿（观者理解）。

（3）信息在人脑中的位置（见下表）

图2-2　资料图片

信息在人脑中的位置

左脑	右脑
与意识有联系	与意识没有联系
语言的	形象的
分析的	综合的
线性信息处理	非线性信息处理
形成概念的	图形的感觉
数字运算的	几何运算的
闭合的思考	开放的思考
固化的	非固化的
理性的认识	感性的认识
数理的联想	类推的联想

二、联想

1. 联想的含义

联想是由人、事、物而想起与之有关的思想活动或由某一概念而引起其他相关的概念。

由当前感知的事物回忆起有关的另一件事物，或由想起的一件事物想起另一件事物，都是联想。回忆常常以联想的形式出现。客观事物是相互联系的，它们在反映中相互联系，形成神经中的暂时联系。联想是暂时联系的复活，它反映了事物的相互联系。

图2-3　资料图片

图2-4　兰道文　《圆明园：伤逝》

2. 联想的种类

（1）相关

在空间或时间上接近的事物，彼此容易引起感知或回忆。例如由天安门可能会联想到人民大会堂，因为两者在空间上接近。“春江水暖鸭先知”则是因为在时间上接近。空间上的接近和时间上的接近也是相联系的，空间上接近的事物感知时间也必定相接近，感知时间相接近的，空间距离也常接近。

（2）相似

在性质上接近或相似的事物，彼此容易引起感知或回忆。例如由阳光想到笑容，由大地想到母亲。相似联想反映了事物间的相似性和共性。一般的比喻都是借助相似联想，如以天气现象比拟政治形势，以高山流水形容朋友的关系。相似联想是暂时联系的泛化或概括化的表现。泛化是对相似事物还未完成分辨时所做的相同的反应，概括化则是对不同事物的共同性质所做的反应。

（3）相对

相反或对立的事物，彼此容易引起感知或回忆。如由炎热想到寒冷，由黑暗想到光明，等等。对比联想既反映事物的共性，又反映事物相对立的个性。有共性才能有对立的个性。心理学研究表明，儿童的对比联想比较丰富。对比联想使人容易看到事物的对立面，对于认识和分析事物有重要的作用。

（4）相容

整体与部分或有种属关系的事物，彼此容易引起感知或回忆。如由汽车想到轮胎，或由轮胎想到汽车。因果关系的联想，如由运动想到流汗，或由流汗想到运动，等等。多种多样的事物间的关系决定了反映事物关系的联想也是多种多样的。

3. 联想的表现

对人、事、物的感知或回忆引起的联想，一般受两方面因素的影响：一是联系的强度，二是人的兴趣。

（1）强度

①刺激：如提到过年，往往会让人想起回家，中国的传统和家族的情感是非常强大的。②反复：事物间的联系经常是重复的，彼此容易引起联想。如我国的社会主义、改革开放、经济特区等。③时间：最初或最早形成的联系常占优势。例如提到一个人，会马上想起和他最初或最近的一次接触。

（2）兴趣

工作任务对联想有很大的影响。例如在案发现场的警察，不会轻易放过任何蛛丝马迹。例如提起松树，植物学家、美术家和经济学家的联想可能会有所不同。

另外，人的种族、文化、信仰、情感等也会对联想产生不同的作用。对于同一个问题，一个人处于积极情绪状态时，常易想到它积极的一面；处于消极情绪状态时，常易想到它的困难、不利的方面。

联想在心理活动和艺术创作中占有重要地位，思维通过联想，得到相关内容、信息与资料。

练习

主题：信息在传递中的扭曲。

内容：A、B、C、D四个参加者，含人、物和相关元素的图片一张（不是竞赛、开会等特定场景），图片内容较难辨认。

要求：①A仔细看图片后，把图片表达的主旨讲给B听；②B根据听到的内容，画出新的图片；③C仔细看B画的图片后，把图片表达的主旨讲给D听；④D根据听到的内容，画出新的图片；⑤比较一开始准备的那张图片和D画出的图片。

第二节 内容与风格

一、语言

广义的语言，是人们共同采用的一种沟通符号、表达方式与处理规则，其中符号会以视觉、声音或者触觉方式来传递。狭义的语言，是指人类在沟通时所使用的语言——自然语言。人们一般必须通过学习才能获得语言交流的能力，使用语言的目的是交流思想与观念。语言有不同类别，如肢体语言、视觉语言、声音语言、文字语言等。

1. 肢体语言

肢体语言又称身体语言，是指通过头、眼、嘴、四肢等身体部位的动作与变化来表情达意，生动、形象地传达人们的思想。人们通过肢体语言，彼此之间可以更好地沟通与对话。不同的人在不同情况下的肢体语言也不一样，如昂首代表振奋，垂头代表沮丧，鼓掌表示认可，摊手表示无奈。

2. 视觉语言

视觉语言是由视觉基本元素和设计原则两部分构成的一套传达意义的规范或符号系统。其中，基本元素包括色调、色彩、明暗、形状、尺寸、比例、位置、线条、质感、空间、字体、色彩等。它们是构成一件作品的基础，相当于建一栋房屋所需要的砖、瓦、水泥、钢材等，也类似于文字语言中的字和单词。设计原则包括布局、对比、节奏、平衡、统一。它们是艺术家用来组织和运用基本元素传达意义的原则和方法。

艺术家根据各种各样的需要，选择相应的材料和表现形式（雕塑或绘画，具象或抽象，等等），运用一定的原则和方法，在一定的范围内控制各种元素之间的关系，最后形成能够传达特定信息的图像。

视觉图像的不同形式：日常生活中虽然有很多人造的视觉形象，但是在传达意义的形式和手法上却有很大的差异。如绘画、摄影与建筑的差异，绘画、摄影、建筑与电影的差异，地图、交通指示牌与摄影的差异，等等。从媒介、空间特性、时间和功能上可以从以下几个方面来认识视觉图像。①材料、媒介与技术：绘画、雕塑、建筑、摄影、电影等。②空间特征：二维平面图像和三维立体图像。③时间感：静态图像和动态图像。④风格形式：具象与传统，抽象与现代。⑤功能与目标：技术图像和艺术

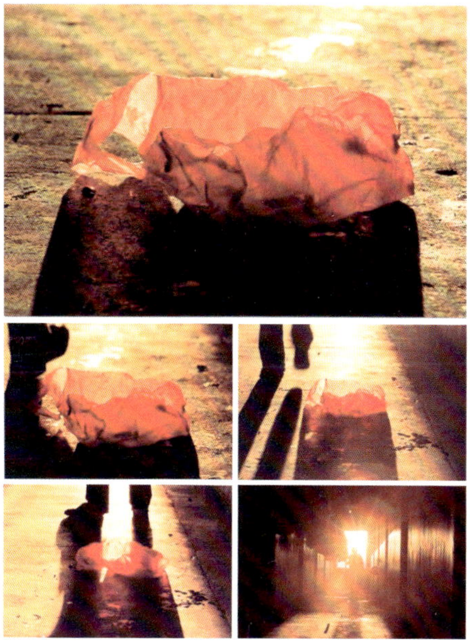

图2-5 周文操 《色彩：存在与表达》

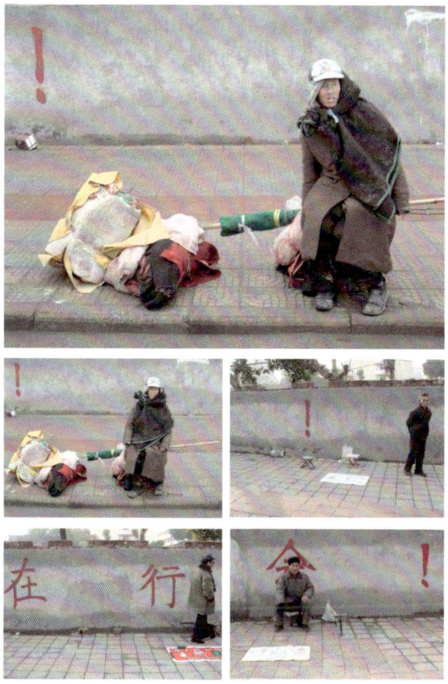

图2-6 陆青霖 《进城》

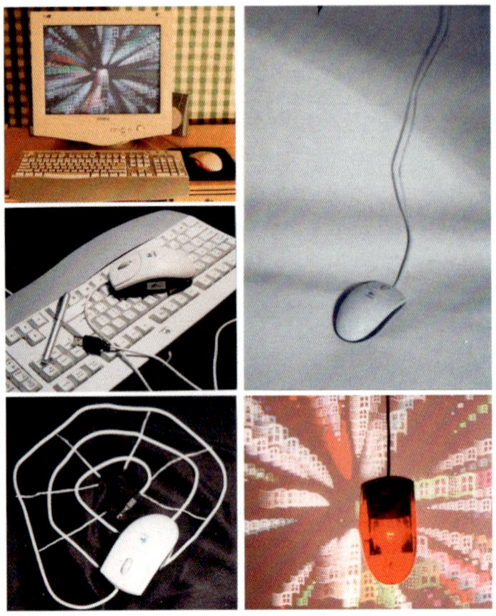

图2-7　卫兰兰作品

图像。技术图像主要应用于科学领域和与社会规范相关的标志系统，如地图、股市行情图、交通标志等。这些技术图像，在形式处理上，尽量避免模糊性和复杂性的表达方式，以便达到更简洁和更直接的传达信息的目的。艺术图像主要应用于与人类精神生活相关的人文领域，如宗教艺术、超现实主义绘画、抽象表现主义作品等。艺术图像在其形式处理上，为了传达丰富的精神内涵，总是需要处处充满多样性和复杂性，以使作品展示出令人回味的意味。所以，在欣赏艺术图像时，细心地观察特定的视觉形式中各种基本元素的特征，是领会作品意味的基础。

二、视觉语言与形象传达的意义

语言之所以能够作为人与人之间交流的工具来传达意义，是经过长时间的发展而约定俗成的，它具有很强的地域性。而通过视觉语言与形象传达一个概念，首先依赖人的生理感受和直觉。如同音乐与舞蹈，在一定程度上是一种通用的“世界语言”。那么，为什么那些由线条、明暗、色彩等基本元素所构成的画面能够传达意义呢？明白这个道理以后，对提高我们的视觉感受力具有重大的意义：所见即所得。

现代知觉心理学家经过大量的实验证明：每一个视觉基本元素都包含一种“力”。这种力有作用点、方向、大小，心理学家称之为“知觉力”。正是由于各种各样的视觉元素所显现的这种活“力”，才使得艺术家运用视觉语言传达意义成为可能。

艺术家在创造艺术品的过程中就像一个导演，他按照自己的需要把各种不同的元素（力）安排在作品中合适的地方，使他们之间形成一种“关系”（力场）。这种关系在一定程度上能够间接反映出自然中某些事物的状态，从而达到传达意义的目的。我们可以把这种视觉形态和自然事物之间的类似性称为“异质同构”。从某种意义上讲，所有的艺术都是象征性的。需要说明的是，这里所指的象征是广义的，它与人的生存感受相关。

三、视觉图谱

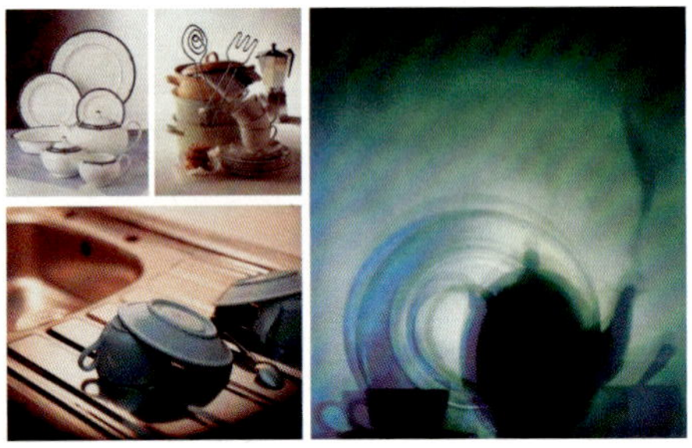

图2-8　资料图片

视觉图谱是从“视觉语言”或“视觉语法”的角度，对视觉表现图片的不同样式进行分析与考量。在一般的视觉分析与图式运用中，对单一概念的诠释总是被无限扩大，以某种样式去代替大部分样式。而“视觉图谱”是对视觉传达方式进行全方位的解读，避免单项阐释时的模糊性与不确定性，试图对“视觉图谱”的类型进行系谱的辨识、归纳与比较，从而认识从“信息端”到“联想端”的不同的区分与定位，对广义的图片信息端与狭隘的联想端概念进行辨析，对视觉图谱意义的逻辑进行排列组合。

1. 信息端

人们因国家、地理、种族、教育和信仰等的不同，而有较大区别和差异，趋向理性认知。信息是对客观世界中各种事物的运动状态和变化的反映，是客观事物之间相互联系和相互作用的表征，表现的是客观事物运动状态和变化的实质内容。在视觉领域，信息主要表现为事物元素的视觉特征，如数量、大小、结构、材料、质地、色彩、环境与位置等。

2. 联想端

摄影师通过色彩、虚实、强弱、质感、扭曲等手段、方法表现艺术效果，并形成一定的风格，最终唤起人们的情感和精神认同，趋向感性思维。联想有以下几种方式。①接近联想："西塞山前白鹭飞，桃花流水鳜鱼肥。"②相似联想："飞流直下三千尺，疑是银河落九天。"③对比联想："如由黑暗想到光明，由冬天想到夏天，"等等。④关系联想：如由钢笔想到文具，由冰雪想到寒冷，等等。

在视觉领域，联想主要表现为事物元素带给人的在情感、心理与思维空间方面的感受，如炽热的爱、温暖如春、彻骨的冷等情感塑造。联想在人的心理活动中占有重要位置，在思维中经常通过联想，想到有关的信息、内容和办法，探索人的情感与心理状态，提供解决问题的可能性。

图2-9 乔羽作品

四、摄影图片与视觉图谱的关系

人们对图片有一种基础的认识，这种认识或偏向具象、写实的一面，或偏向抽象、写意的一面。摄影图片是对事物中具象、写实的元素与拍摄到的画面反映出来的抽象、写意的信息的表现与形式塑造。

我们在审视图片时，通过判断它的内容和形式倾向于视觉图谱的信息端或联想端，给予图片不同的区分和准确定位，并按逻辑关系和相关顺序对他们进行排列组合。

图2-10 杨静作品

学生作品展示

周璟琛 《每一盏灯下又有着怎样的故事》作品心得

露从今夜白，月是故乡明。每晚看到万家灯火，时不时会想每一盏灯下又有着怎样的故事。摄影，带给我别样的思考。

我拍摄此组照片时，同最初的想法有些出入，但相同的是我想要表现灯光。我原本想要借灯光联想到家、温暖、光明。

在那次拍摄中，我尝试过拍摄路边小吃摊的灯——那盏灯下撑起的是一个家庭的生活，书店的灯——那里的灯更像是希望与远方，青弋江对岸的万家灯火——那每一盏灯是每一个家庭。思路到这曾戛然而止。

巧合的是，我看到一家西餐厅里的灯，有的灯泡加上灯罩，有的是镶嵌在天花板上，有的是垂下来。由一个，到多个，再到不同，这些组成了一个面、一个整体。最后，我利用多重曝光拍摄，将同一盏灯和灯罩，以不同的位置组合，点、线、面相结合，组成一张画面，温暖与光明。

光是人类生存的重要物质之一，人们常常用光比喻生命和希望，理想与信念。这些温暖，在人们的潜意识中常常是暖色，黄色的灯。事实上不尽然，这里的灯实际上是白色的灯，加上外界因素给人以暖色效果。

我认为，事物是死的，人的思想是活的，不能一概而论。拍摄有时需要些巧合，前提要有思想，随时随地去思考。一条路走不通，那就换一条。

图2-11 周璟琛 《每一盏灯下又有着怎样的故事》

赵华馨 作品心得

拍摄这组照片之前，我是完全没有一点想法的。

我有一个习惯，就是在拍摄之前把自己的想法在纸上画出来。我在拍

图2-12 赵华馨作品

摄之前画了很多草图，可是都不如意。

第一周，我交的作业是一张盒装牛奶的图片，盒子里面的牛奶被喝完后，盒子中间就会渐渐凹陷，然后我利用PS把盒子的外形做成一根骨头。我单纯地把“想象联想”理解成了外形上的变化。我的第一个想法遭到否定后，我把所有的草图全部扔进了垃圾桶。

眼看交作业的时间又要到了，可我还是没有想出来一点东西来。突然，我想到老师说过“灵感往往来自身边”。于是，我一回头看到了室友在缝补衣服，衣服！针线！对！是针线！针线很能体现生活细节！于是，我选用了五颜六色的彩色针线和彩色衣服，以期画面颜色丰富起来。

从针线到衣服的针眼再到衣服，最后用一张抽象的彩色照片来结尾，体现针线如丝的感觉。当然，这组照片不是一下子就做好的，在老师的指导下，然后一遍遍地修改，我才完成了这组照片。最后一张照片，我拍了很多次，因为需要拍摄出那种丝的感觉，于是我把衣服颜色排列好后就不停地按快门，最后从中选了一张我认为最好的。

五、视觉流程

人们观看人、事、物的视觉选择、先后次序和排列组合，或是对观看时间、对象、位置的组织、分配和安排，皆可称为视觉流程。

我们拿到一幅图片，首先看哪，其次看哪，最后看哪，都可以通过视觉流程的设计规划来实现。画面的构图、要素的表现、色彩的处理不只是停留在人对画面视觉的观感上，不同的人在不同的条件下对同一图片的视觉观感有可能不同。这更多的是关系到社会学和心理学的研究，同时也包括观众自身的因素。视觉流程越清晰、明朗，人对画面所要传递信息的接收、认知与认同就越准确、有效。

人观看对象的视觉流程，一般情况下遵循“从上到下”“从左到右”的顺序，人的目光更容易停留在所观看画面的上半部分和偏左的位置，而不是画面的右边、下边或其他位置。画面中心更容易成为视觉中心，画面中主体部分更容易成为视觉中心，画面中反差对比强的地方更容易成为视觉中心。所以，我们在创作时，要注意考虑画面视觉中心和构图的关系。我们在排版时，更要注意一组多幅作品的主次、大小、先后和逻辑关系。

学生作品展示

邢婷婷　《红红火火办喜事》作品心得

我走在平遥的街上，偶然看到一户人家在忙碌地打扫、整理房子，家里装扮得红红火火。带着疑惑，我走进了这户人家。

这组照片主要记录了平遥一户人家办喜事前夕的准备过程以及婚礼当天的情况。随着时代的发展，很多人都选择了简单的现代婚礼，而这户人家按照老传统举行了婚礼，让我们这些“90后”亲眼见证了中式婚礼。

这组照片的主题是古韵婚庆。我在拍摄的过程中，感受着这户人家的喜庆，我也有了一种幸福、快乐的感觉。看到女婿和父母相拥之景，我也感受到了父母对女儿即将出嫁的不舍之情。于是，我按下了快门，记录下了这一刻，这一天。

专题组照调整前

专题组照调整后

图2-13　邢婷婷　《红红火火办喜事》

章瑜　洪灾专题摄影心得

2016年7月4日，安徽师范大学新闻与传播学院“传媒专业采风，助力精准扶贫”赴安庆宿松实践服务团队开始了为期14天的实践历程。6月下旬，宿松县遭遇了自1973年以来的最强降雨，农田被淹，房屋损毁，受灾人数达到24万人次。肆虐的洪水没有浇灭新传学子的实践热情，严重的灾情也没有阻隔实践团队前进的步伐。在宿松县的十几天里，我和部分团队成员先后去了风和、北浴、隘口、佐坝、洲头等受灾一线，亲身参与抗洪一线救灾的支援服务并拍摄系列摄影作品《宿愿：2016年宿松抗洪纪实摄影》《希声筑堤护家园：记中国人民警察八六九一部队一等功连》，用镜头记录了百年不遇的洪涝灾害和人们齐心抗洪的画面。

但在照片的选择、整理过程中，我遇到很多困扰，如何在上千张照片当中挑选十张照片并组成一个完整的组照，我十分茫然。在老师的指导下，我选择照片时开始注意主题表现，思考事件中人、事、物之间的关系，强化整个视觉流程顺序与安排，同时考虑景别、构图等。图2-17、图2-18中的“专题组照调整前”系列照片是我按照自己逻辑思维对照片初稿进行的选择排序。图2-17、图2-18中的“专题组照调整后”系列照片是通过陆老师讲解并调整后的视觉流程顺序与安排。我明白了组照并不是画面简单的罗列，不能缺乏事物的逻辑关系，而是对拍摄主题更完整、准确的表达。经过陆老师的编辑与处理，两组图片报道主题突出、层次分明、结构严谨，视觉流程清晰、流畅。

专题组照调整前

专题组照调整后

图2-14　章瑜　《宿愿：2016年宿松抗洪纪实摄影》

专题组照调整前

专题组照调整后

图2-15　章瑜　《希声筑堤护家园：记中国人民警察八六九一部队一等功连》

练习

主题：信息与联想。

内容：选择自己熟悉、感兴趣的物品与元素，拍摄一组图片（8~10张）。

要求：通过观察拍摄对象的位置、大小、色彩与环境的不同变化，表现其在生活中的不同状态和所承载的情感，反映图片在视觉图谱中不同的位置与变化（从“信息端”到“联想端”）。

图 3-1　陆青霖　《机械面孔》

第三章　获取图片

第一节　设计语言

当人、事、物的图片设计主题和项目元素是有具体造型要求的物品和内容时，通常采用“摄影”方法，使拍摄对象的位置与环境、大小与变化、材质与色彩等具体信息都较为清晰、准确、直观与明了。

当人、事、物的图片设计主题和项目元素的表现要求是无形的情感或概念时，如快乐与伤悲、勇敢与懦弱、伟大与渺小等，其他“说明性”形式和手法会被引入设计的表现画面。

一、抓住核心

1. 需要传达的内容

摄影画面视觉元素的造型、材质、色彩、大小与位置等，特别是在新闻、纪实和商业领域，会决定摄影是不是恰当的视觉语言表现形式。

2. 最终唤起情感

摄影画面视觉效果的风格、意识、思想、表达、文化等，特别是在文化、艺术、观念和创意表达等范畴，会唤起读者的情感共鸣。

二、基本准则

1. 特征缩减

把人、事、物等相关内容与元素简化为几个核心的关键词，如真诚、热烈、创新、安全等。在这个过程中，要注意以下几点：①避免陈旧与常规的视觉形式；②将人、事、物的特征概括为三或四个主要特征；③画面特征使人一目了然；④主题内容鲜明、显而易见。

图 3-2　王旭　《腾飞》

图 3-3　资料图片

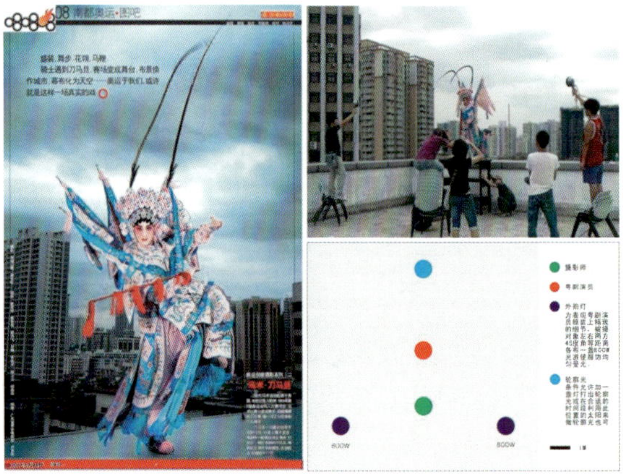

图 3-4　资料图片

2. 将准则转换为相应的视觉语言

即将人、事、物所处的环境、当时的状态，通过摄影转化成相应的视觉语言，唤起人们的反应。

第二节　图片来源

一、委托拍摄

1. 选择摄影师

我们可以通过如下方式找到摄影师：①找到摄影师的经纪人或亲自去拜访摄影师；②摄影师的自我宣传卡；③摄影师年鉴或通讯录；④摄影师与同行之间的交流和互动；⑤平时注意观察、收集、整理所需要的图片与作品资料。

2. 和摄影师沟通

在和摄影师合作的过程中，我们要注意以下几点：①确定合作关系、拍摄项目与具体要求；②确定拍摄风格，展示相关代表作品和拍摄方向；③了解设计师的观点，明确图片与后期表现的需要；④对摄影师、助手、模特、化妆师、布景与道具等给出具体分工。

3. 选择图片

在选择图片时，我们要注意：①图片要传达的情感和想表达的若干特征；②媒体和环境的不同选择依据与标准。

图3-5　陆青霖作品

二、寻找图片（储备）

我们可以通过以下渠道寻找图片：①图片资料馆；②摄影师作品代理；③摄影师作品集目录；④无版权问题的CD盘；⑤无版权问题的网络图片。

学生作品展示

陈阳　《故宫：角落》作品心得

四月中旬，我们踏上了北上采风之路。北京，这个充满机会、希望和梦想的地方作为我们此次采风的最后一站，无不给我们此次采风之行画上了圆满的句号。

北京、故宫、天安门……这一个个耳熟能详的地方，见证了中国历史的发展，见证了中华文明的传承。四月的北京到处充满了奥运气息，故宫——明、清两代掌控全国的“心脏”，依然焕发着它雄伟、庄严、神圣的帝王之气。

见到故宫的第一印象，完全被它的色彩和阳光照射在墙上的光影所吸引。高大的宫殿，金黄色的琉璃瓦，红色的城墙，在光的修饰下展现出了它曾经作为皇家宫殿的庄严、雄伟。所以，我当时就不由自主地到处寻找自己想要的光影效果，用照相机将自己眼中的故宫表现出来。

每一个到故宫的人可能对故宫的感受都不同，每一个摄影人所拍摄的故宫也不同。这世界并不缺少美，而是缺少发现美的眼睛，缺少你对这个世界万物解析的眼睛，而摄影就是这样一双慧眼。

图3-6　陈阳　《故宫：角落》

图3-7 崔云 《龙门石窟：追寻》

图3-8 方玮 《平遥：走访》

图3-9 孙璟 《灯具：角度》

崔云 《龙门石窟：追寻》作品心得

我们系外出采风，计划一路向北。我听到此消息，心情无比喜悦，也许是我的故乡在北方的缘故吧！北上到达的第一站——洛阳龙门石窟。

虽然很兴奋，但我对宗教文化不是很了解。起初，我对那些佛像雕塑并不是很感兴趣，也就是我们通常说的“没感觉”，所以并未急于拍摄。当我走到卢舍那佛像前时，眼前的佛像感动了我，天空绵绵的细雨仍抵挡不住摄影发烧友在佛像前创作的热情，游客在佛像前拍照留念，还有一些外国游客听导游讲述宗教文化……看到此情此景，我不禁拿出照相机记录下这感人的一刻。

此组作品主要是以雨伞为前景拍摄的，当时天气昏暗下着细雨，很多游客都撑着伞，看到这，我不禁眼前一亮。本来佛像给人的感觉应该是安静、威严、庄重的，但通过五颜六色的伞的点缀，整个场面立刻活跃起来，给人轻松、愉悦的感觉。于是，我选择以鲜艳的雨伞为前景，拍摄了当时的场面。通过颜色对比、景物对比、动静对比进行了作品创作，突显了当时的活跃气氛。

方玮 《平遥：走访》作品心得

摄影，让我学会了一种态度，一种把生活“稀释”成一张张照片的态度，一种用照片记录一个个瞬间的心境。也许，我们在这个忙碌的都市中很少驻足观察身边的风景。可我们未曾想到的是，那些花、那些草、那些我们熟悉或陌生的建筑竟会通过我们的镜头，表现着它们别样的风情，同时被我们赋予灵魂。或许，我们更多时候善于用眼睛发现周遭的新奇或者惊喜，此后我们更应该善于用镜头记录那些永不重复的瞬间。或许，我们的快门速度是1/100秒，又或许是2秒，但我们记录的是永远不会从头再来的那一刻，而定格在相片里的却是永恒的记忆。

这组相片是我在平遥古城所拍。那座古城给我留下无限的遐想。在平遥的日子里，我感到从未有过的安心。我所拍摄的多是古城里那些人们沉默的面孔和他们脸上清澈的眼神，他们抑或安静享受着阳光，抑或低头陷入沉思，每个人、每张面孔、每个神情都是那么让我难忘。在拍摄中，我没有让特定的一个人一直出现在我的镜头中，而是尝试着将镜头从周围的环境延伸到人，从多个角度来展示平遥的人以及他们安定的生活。

我在拍摄过程中得到了陆青霖老师的大力指导，我从老师那儿学到了很多，在此深表感谢。

孙璟 《灯具：角度》作品心得

这组照片是在798工厂拍摄的。我踏进工厂的第一感觉是：环境很艺术，东西也艺术，所以我不能不艺术。

说来巧合，陆老师带我们去798工厂时刚好是早上，不少地方都没开门，我无意中看到这家店，其实这是家餐厅，早上没有什么客人，老板很热情地让我进去看看，说不消费也没关系。

北京四五月的天气风沙大，再加上798工厂还有不少地方在改建、重新装修，还有很重的油漆味，风吹得人眼都睁不开——我正愁没地方去呢！于是，我便乐呵呵地走进这家店。

其实，这盏灯吊在一个休闲角落里，并不起眼，可是决定拍它是因为突然想到了北斗七星，觉得有点神形兼备，十字路口的明灯，也算是幸运星吧。拍摄结束后，我在电脑上看到大图后更加喜欢了，陆老师也觉得不错，更从构图、色彩等方面对我进行了全面的指导。

所以，一张好片的基础是拍摄者本身和巧遇的一种融合，如果能做到“片中有我，心中有片”，不说出张精品，最少也是自己认可的片子了。

王又沁 《人像·心情》作品心得

阳光混合在或淡或浓的云雾里，缓慢地流淌在身边。没有多少复杂的准备，天气也跟着不大合拍。

偶然洒落的小雨，挂在空气里，稀稀落落。阴霾的天气，积水的路面……就这样，我们坚持着、抗衡着那些毫无准备的因素。

模特和我彼此都很熟悉，考虑到她身高的优势，还有她的性格、爱好，几次商议后，我们敲定拍摄的风格——旷然。

出于本色的目的，模特穿了她在日常生活中的衣服。深色在阴天里显得难以捉摸，恰好符合了拍摄的风格。

室内作业开始。室内虽然为化妆、换衣提供了方便，但和光线不断的磨合着实有些叫人抓狂。在这种情况下，逻辑的转换与选择就变得自然多了。雨水渐渐收拢，我们决定外拍。

背着机器，携着女友，匆匆步行。来到即将消失在这个城市中的老火车站，黏稠的空气似乎一下变得活跃起来。之前不大留意的空间，原来藏有这样一番景象……

锈迹斑斑的铁轨、老房子、集装箱、火车头，

经过历史的打磨，变得沉稳而理性。

喜欢文学创作的模特女友，因眼前的景物开始兴奋。大环境带来的放松使后面的拍摄水到渠成。

我们沿着铁轨选景，做动作。拍摄虽一气呵成，但还是因为光线不佳损失了不少本应该不错的作品。

身体的疲惫掺着密密麻麻的小雨，拍摄结束。

图3-10 王又沁 《人像·心情》

章瑜 《梁山背棍》作品介绍

“背棍”是一种起源于山西省太原市清徐县徐沟镇的汉族民间艺术。徐沟的背棍始于明代，闻名遐迩。晋中一带流传有“南庄的火，太谷的灯，徐沟的背棍爱煞人”的民谣，被誉为“无言戏剧”“空中舞蹈”，可见其影响之深远，蜚声中外。背棍寄托了汉族劳动人民对美好生活的愿望和祈盼。

“背棍”经过历朝历代民间艺人的不懈努力，博采众长，吸取欧美芭蕾舞“托举”，东北秧歌“群舞”，民间高跷“凌空”之优点，形成了集戏剧内容之精华、舞蹈动作之飘逸、雕塑造型之优美、杂技惊险之玄妙，“绘画”色彩之缤纷于一体的独特的汉族民间艺术。

“背棍”要挑选俊秀男女孩童，精心化妆打扮后，绑在铁棍上端，下端绑在强壮男子背上（遗憾的是，现在很少有年轻人学这吃力的活了，如今

图3-11 章瑜 《梁山背棍》

背棍的都是老人)。背棍者在行走中，根据背上的孩童扮演的戏剧故事及人物，配合锣鼓点，迈出各种舞蹈步伐，使孩童摇摆表演。“背棍”是中国首批非物质文化遗产之一。

图3-12　章瑜　《平遥鼓书》

章瑜　《平遥鼓书》作品介绍

平遥鼓书原名弦子书，又叫平遥盲书，起源于平遥，流行于汾阳、介休、孝义等县，已有三百多年的历史。平遥鼓书最初是单人坐唱，到清末才发展成为多人坐唱，分为红、黑、生、旦、丑等行当。

演唱者左小腿缚“蚱蚱板”，右膝盖上缚一面小钗，演唱时，右手既弹三弦，又敲击小钗，同时左腿不停地上下踏动，带动“蚱蚱板”奏出节拍。弦、钗、板齐响，犹如小乐队演奏。演唱形式由单人说唱发展为数人对唱，分担角色，同时相应增加了竹笛、扬琴、低音二胡、四胡和月琴等乐器。

平遥鼓书的唱腔，最早吸取了晋东南琴书的一些韵味和晋中民歌小调的风味，随着发展又逐渐加入了地方戏曲、秧歌的一些旋律，使其更加流畅好听。它的板式有平板、散板、剁板、念唱板等，唱腔比较随意，方言吐字真，有浓厚的地方色彩。

平遥鼓书在中国民间孕育生长了300多年，有着极强的生命力。它的形成是历代劳动人民真实生活、思想感情、艺术审美的综合反映。其旋律是当地民歌、戏曲、秧歌及流行音乐相互交融、相互影响渗透而成的。它是平遥有代表性的传统曲艺形式，流传甚广，在平遥地区和周边一带很受老百姓欢迎。因为它是在平遥特有的地理环境、经济条件、知识水平、风土人情、生活习俗等诸多因素下逐渐形成的，有着鲜明的地域特色，再现了不同历史时期的特征，对我们研究、探索平遥的社会、经济、文化等方面的发展历史有着重要的价值。

图3-13　杨陆城　《中路梆子》

杨陆城　《中路梆子》　作品介绍

山西一共有四大梆子，正好和山西的河东、上党、晋阳、雁门四地对应。在明代，山西蒲州、陕西同州、河南陕州一带的民间艺人，大胆地改革北杂剧唱腔，特别是根据换板式样的需要而加入枣木梆子，这样就在山西境内出现了“蒲州梆子”戏。后来，蒲州梆子分别与晋中、晋北、晋东南等地的土戏及风俗人情相结合，逐步形成中路梆子、北路梆子、上党梆子。蒲州梆子，又称蒲剧，是山西四大梆子戏中最古老的剧种，因起源于晋南蒲州（今永济县）而得名。剧目多达1 000余个。慷慨激越而又委婉柔和，粗犷豪放而又细腻缠绵的艺术风格，特别是浓厚的地方色彩，使蒲剧在晋南民间深受喜爱。

蒲剧与当地的秧歌及说唱艺术相融合，形成了中路梆子。清代同治以后，随着晋中地区的祁县、平遥、太谷汇兑业的发展，钱庄票号相继成立，经济更加繁荣，中路梆子也出现了新的生机。不少爱好戏曲的商贾东家，优礼厚待，邀请驰名艺人到家中，搬演戏文。一些文人也兴致勃勃地参与了戏曲的创作，再加上诸多业余戏曲爱好者的闹票、打坐场的频繁演唱，使中路梆子的名气愈益响亮，开始流传到河北、内蒙古、陕西、甘肃等地，博得当地人喜爱，并逐渐以“晋剧”称名于世。

杨陆城　《地坑院》作品心得

初来之时，我被眼面修缮一新的房屋吸引住，但太多商业化的东西又让我产生厌倦感。

我往后山方向走去，发现很多古朴的民居。我顺着炊烟进入一户人家。

房屋的主人是一对夫妻，他们在这里住了几十年，房子在地平面下，屋里四季恒温，通风排水设施皆用了数十年但依旧良好，惊叹之余，感叹古人智慧的伟大。

夫妻俩很热情地向我介绍中原文化，我们在相谈之间了解了河洛文化，品尝了当地地道的玉米饼。西北人民的淳朴、善良，深深地感动了我。

图3-14　杨陆城　《地坑院》

朱柏成　《看不见的洁净》作品心得

清洁工人大街小巷无处不见，无时不见。作为个体，他们微乎其微，但他们却有我们无法想象的力量——干净的街道与辛勤的清洁工人密切相关。

北京清华路的公交车站，有一群在烈日下工作的清洁工，他们流着汗水，默默地干着活，只为给大家一个干净的城市。

此作品以矿泉水的广告为背景，用矿泉水的纯净与清洁工人为大家带来的洁净做类比，既展现了靓丽的城市文明的一面，也展现了劳动人民辛苦的一面。

图3-15　朱柏成　《看不见的洁净》

金恩惠　《又见平遥》作品心得

又见平遥，顾名思义是我第二次在平遥拍摄。我所拍摄的是我们摄影系的各位“男神”“女神”们与平遥美景融为一体的一番景象。平遥的美景很多时候都是以一些风光摄影来体现的，这次我为戴着面具的人（指普通的路人）在平遥留下了点滴。

图3-16　金恩惠　《又见平遥》

李芳芳　《城市画中景》作品心得

城市总是快速发展，面貌总是多变，人们为了适应城市，也改变了自己。

人小但有欲望，欲望在某种程度上就是梦想。为了完成它，每一个人都在城市这幅自己所独有的生活画卷中努力着。不同的人，不同的梦，不同的努力，时刻展现在城市中，让我们对城市有一种独特的印象，感觉我们就是城市画里的某个点，独一无二的某个点。

脚蹬三轮车运输城市弃品；不停拨号，以求线路通畅；老板在展窗外琢磨自己家的摆设；即使坐下来休息，也忙着玩手机或是思索……这就是生活在城市里的人，总是那么紧张，那么具有特色，有了他们城市才有生机。我作为一名摄影者，就应该敢于发现，勇于探索并懂得记录。

李亚琼　《平遥晚晴》作品心得

初见平遥，被平遥古老、美丽的建筑所吸引，每一条小巷，每一条青

图3-17　李芳芳　《城市画中景》

图3-18　李亚琼　《平遥晚晴》

石板路都在向我诉说着神秘、古老的故事。一千多年的风雨慢慢将古城墙剥落，如今的平遥犹如一位世纪老人沉睡在现代建筑的怀抱中，抚摸着长满荒草的古城墙，仿佛能听见他轻轻的鼾声。

五月的平遥很美，晚霞时分更美。

黄昏时分，在城南，我偶遇了晚霞中的平遥。夕阳在天空和暮云的交界处，阳光被暮云折射，整个天空都被渲染成了奇异的颜色，像五彩缤纷的绸带装扮着古城。夕阳照在城墙上，古城犹如少女的脸颊般泛着红晕。忽然被陶醉，心中本有千言万语想与古城倾诉，可就这样看着夕阳下的平遥，静静陶醉。

爱上晚霞中的平遥是件幸福的事。每当在现代都市的快节奏中感到疲惫时，我便想象自己在平遥的夕阳下静静欣赏古城，静静陶醉着。

练习

我国的民间采风活动历史悠久。在古代，“采风”的含义主要是指采集民歌。《国风》是《诗经》中的精华，主要记载了周初至春秋间各诸侯国华夏族民间诗歌。《国风》中的周代民歌以绚丽多彩的画面，反映了华夏劳动人民真实的生活，表达了他们对受剥削、受压迫的处境的不平和争取美好生活的信念。到了近代“五四”新文化运动时，一些学者从国外引进了民俗学，“采风”二字的含义就更广了，它泛指采集一切民间的、社会生活的创作和风俗，即体验生活、感知文化。

采风创作就是在了解新的文化、思想与观念的基础上，开阔视野，为专业创作收集素材、打基础。在采风创作中，我们要注意把握以下几点：①摄影艺术与传统艺术的关系；②摄影艺术与现代科技的关系；③摄影艺术与社会生活的关系。我们一般会用三至四周的时间，用照相机或摄像机进行采风创作，最后以考察报告或摄影作品专题展览的方式作为此次采风创作的成果。

主题：①了解不同的地域文化、城市景观中摄影的应用与表现；②参观艺术展览或参与专业领域的交流活动，提升专业素养与水平；③收集专业信息与资料，为专业的学习和创作做好准备。

内容：①地域文化视觉特征及其摄影表现（如皖南古村落、平遥、丽江等）；②参观、考察现代、当代摄影艺术（如到北京、上海、深圳等地）；③参观艺术展会、博物馆等。

要求：①提出采风、考察路线与要求；②通过笔记、摄影、摄像等方式进行记录；③图文并茂地对采风内容做综合报告。

第四章 应用图片

第一节 图书

狭义的图书是指文字、图画和纸张的集合。广义的图书是一切传播信息的媒体。图书是通过技术手段将要传播的知识用文字、图画等信息方式按体例、系统记录于物质形态材料之上，是用来记录文明、交流文化、传播思想的工具。联合国教科文组织这样定义“图书”：凡由出版社（商）出版的不包括封面和封底在内49页以上的印刷品，具有特定的书名和著者名，编有国际标准书号，有定价并取得版权保护的出版物称为图书。

图书记载了从古至今人类历史的发展和演变，使我们知道几千年前的社会生活状况，掌握世界各地不同民族、国家的风俗民情。图书具有以下要素：①知识与信息；②文字与图画；③物质与材料；④技术与工艺。

迄今为止发现最早的书是在5 000年前古埃及人用莎草纸所制的书。公元1世纪时，希腊人和罗马人用动物的皮来记录国家的法律、历史等。这和中国夏商时期的甲骨文一样，它们都是古代图书的重要形式。在印刷术发明之前，书的拷贝需要手工完成，其成本相当高。中世纪时，只有少数的教会、大学、贵族和政府有图书。15世纪，古登堡印刷术发明后，图书才作为普通老百姓能享受到的物品出现在寻常百姓家。从这时起，图书得到了广泛传播。20世纪90年代，随着网络的发展和普及，图书摆脱了纸张的限制。电子书以空间小、易传播、易保存等优势，成为未来图书的发展趋向。

图4-1 资料图片

图4-2 资料图片

图4-3 陆青霖 《开学了》

图4-4 资料图片

图 4-5　资料图片

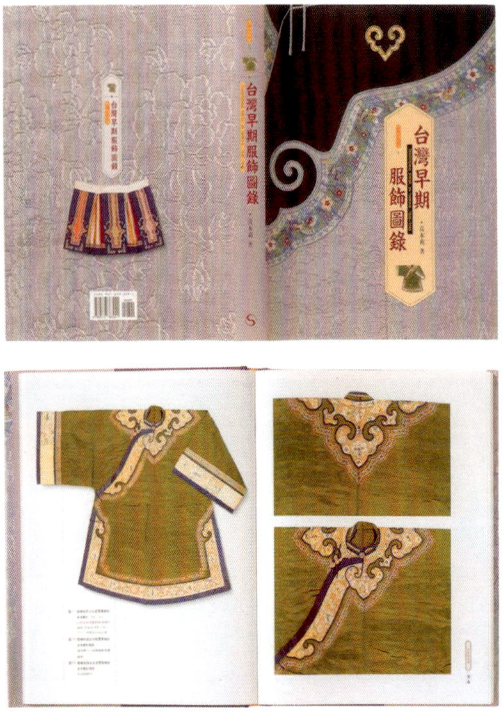

图 4-6　资料图片

图 4-7　资料图片

图4-8　资料图片

图4-9　资料图片

图4-10　资料图片

The Selected Letters
of
THORNTON WILDER
Edited by
JACKSON R. BRYER AND ROBIN WILDER
david sedaris
author of the #1 New York Times bestseller
DRESS YOUR FAMILY IN CORDUROY AND DENIM
holidays on ice
featuring two new stories
SOMEBODY
THE RECKLESS LIFE
AND
REMARKABLE CAREER
OF
MARLON
BRANDO
STEFAN
KANFER
MERCURY DRESSING
POEMS
J.D. McCLATCHY

图4-11　资料图片

图4-12 资料图片

图4-13 资料图片

图4-14 资料图片

图4-15 资料图片

图4-16 资料图片

图4-17 资料图片

第二节 报纸

报纸指以刊载新闻和新闻评论为主的纸质出版物。通常散页印刷，不装订，没有封面，有固定名称，面向公众，定期、连续发行。现在多数报纸每日出版一次或数次，也有每周出版几次或每周出版一次的。

报纸不论篇幅、大小，都由报头、报眼、版位、栏目组成。报头总是放在最显著的地方，大都放在一版的左上角，也有的放在一版顶上的中间。报头上最主要的是报名，一般由名人题写，也有的用印刷体字。报头下面常常用小字注明编辑、出版部门、出版登记号、总期号、出版日期等。如果有出版登记号，说明这家报社已向国家新闻出版管理机构登记，未经登记的报刊不能公开发行。

报头旁边的一小块版面，通称“报眼”。对“报眼”的内容安排没有定规，有的用来登内容提要、日历和气象预报，有的用来登重要新闻或图片，有的用来登广告。由于“报眼”位置显著，一般在此刊登广告，费用特别高。

报纸的版面位置叫“版位”。对一份报纸来说，第一版是要闻版，排在这一版上的新闻比其他版重要。在横排报纸的版面上，左上角比右上角重要。报纸新闻标题所用的字号大小也能显示它的重要程度。标题是报纸刊登的新闻或文章的题目，用来概括和提示这些新闻或文章的内容，帮助读者了解新闻或文章的意义或实质。所以，读者通过版位情况以及标题大小可以了解报纸的立场、观点和态度，以决定是否深度阅读。

栏目是报纸定期刊登同类文章的园地，我们经常在报纸上看到的有“科技天地”“国际瞭望”“读者来信”等。除栏目外，还有一些不定期的专版，范围比专栏更大一些。比如庆祝节日时，组织征文专版；想引起读者

图 4-18 资料图片

图 4-19 资料图片

图 4-20 资料图片

图 4-21 资料图片

新文化报
87天
5·12
四川汶川7.8级强震
波及北京等27个省区市
沉痛哀悼
四川已有8533人遇难
请伸援手
本报呼吁全省人民为灾区捐款
爱心账户：221000691018000522783
热线：0431-96618
2版~7版、22版

图4-22　资料图片

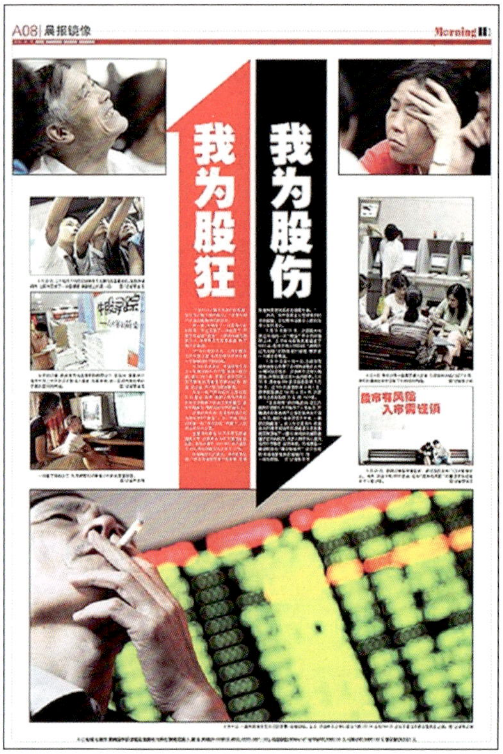
A08 | 晨报镜像
我为股狂
我为股伤
股市有风险 入市需谨慎

图4-23　资料图片

華商報
供暖首日
华商报接到近300条投诉
7成用户说“家里不热”
A05
12″ 全国第一爆!
A02、A03、A04
70后彷徨二孩
7名恐怖分子
制造巴黎恐袭血案
两人身份已明朗

图4-24　资料图片

深圳特区报
胡锦涛主席宣布：北京第29届奥运会开幕
百年奥运梦终圆
激情北京
庞伟：续写传奇
Sunday World-Herald
'Daddy's up in heaven'
Cheaper medication will be in the cards
KULTUR & DEBAT
En mester genopstår

图4-25　资料图片

图4-26　资料图片

图4-27　资料图片

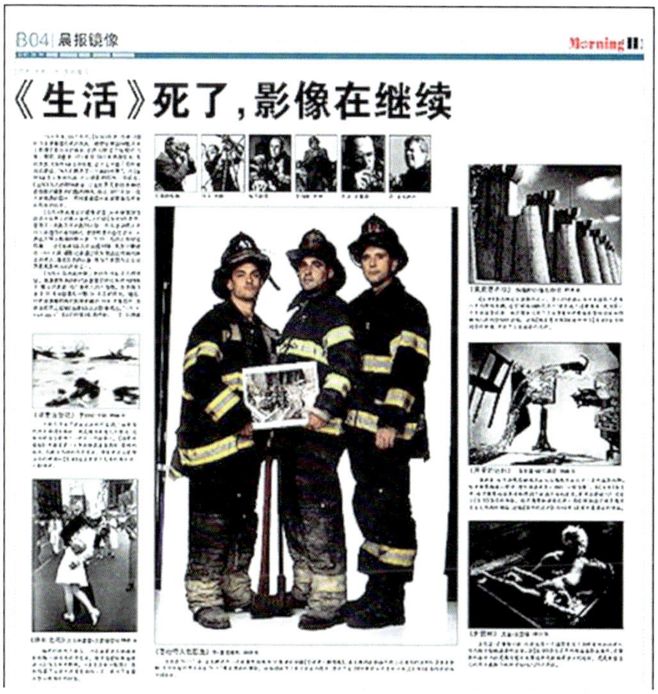

图4-28　资料图片

徽州·文化

HUI ZHOU WEN HUA

2006年6月25日

郑有根图/文

人物·写生

宏村·小记

宏村·记实

梦里·写意

宏村·印象

回忆·写实

图 4-29　郑有根作品

JUNE 25 2007

平遥小巷

B

图/文　朱俊杰

晨，从小巷里出来的人，疾疾地走出，一边急急地吃着手里地东西，一天地生活便开始了。迎着走出的人们，一辆辆负荷很重的、大大小小的三轮车推进了小巷，寻着自己的位置，稳好车子后，主人们或在车厢上铺块板子，或就地铺块油布，摆出各类水果蔬菜或是各种小物件。这时　两边的店铺也纷纷地打开了防盗门　欠走出来。

住在里面　们在家门口就可以买到一日所需，　近的居民也开始为今天的生活来采　。时常看到一些穿着睡衣，趿着拖　妇人，慢吞吞地走着，一边走，一　量摊上的东西，或是停下来问问价　袋子多起来。若仔细地看这些妇人　们的脸大都精心妆扮过，头发也梳　齐有型，可不知道她们为什么不把　的睡衣和拖鞋换掉？

这里白天　子，一边互相打着招呼，一边慢慢　悠地走着，。遇到想买的东西，便蹲到跟前，慢慢地翻看着，一边和摊主讨价还价。等他们出来时，手上通常提着好几个袋子，而每个袋子都是不多的一点

慢走着，慢慢聊着，并不时地停下来与店里面的或路边的人说上几句。这些老头老太太们穿戴都很整齐，从未见他们穿着睡衣和拖鞋来买东西的。

小巷里除了这些人以外，也经常有从这里穿行而过的路人，他们大都目不旁视，直直地走着。但若以为这条小巷是去哪里的捷径，便大错特错了。若进了这里面，一时半会儿想要出去是很难的。窄窄地巷子，慢吞吞地人们缓缓的走着，夹在他们中间，想要走快是很难的。

平遥的巷子很小，但人们很热情，没事了就聚在一起聊天，很幸福。

中国小巷、街角接连不断人满感觉感情好。人口密度高而且住宅情况不好。人们在道路上自然成为纺出。　广州的旧市街总来说虽然住宅密集得很公园等空地皆无相等，一旦从大街进入向一步小巷内部车辆进不了、就小巷变成孩子的游戏场。虽然独身子政策之世上、小巷后面能看得见很多小孩子。

我喜欢小巷的生活，因为我的家也在小巷中，很幸福。

图 4-30　朱俊杰作品

民工　　八号码头　　2007年6月22号

八号码头

八号码头的辛勤的劳动者

有这样一种职业,有这样一群人,他们将自己的梦想,幸福和明天打在行李卷里,离开土地,离开家乡,离开亲人,寄居在繁华而陌生的城市里的各个角落,他们的汗水不再浇灌农田,而更多的灌溉着城市——那就是"民工"。

1

图/文 张静

图 4-31　张静作品

JUNE 25 2007

平淡的生活

A

图/文　朱俊杰

这是在陕西平遥的一个小巷子里拍的一些照片，巷子虽然不大，但里面的生活有滋有味，很和谐、祥和。

走进小巷子，小孩子们在一起嬉戏玩耍，老人们聚在一起聊天，还有露天小吃和理发，感觉一切就是那么潇洒自在，很平淡、和谐。

平淡的生活是人人都向往的，构建和谐社会一直是我国努力去抓的一件大事，和平与发展是我国当今两大主题，在人类社会不断实现自身美好理想、迈向光明和进步的21世纪，国家的兴旺发达，越来越越需要和谐共存的国际环境。作为世界上最大的发展中国家，作为深受“和谐”文化润泽和滋养的礼仪之邦，中国的发展将为世界带来更多的机遇，中国永远是维护世界和平、世界和平、促进共同发展的坚定力量。

当前，中国政府对内致力于加快构建和谐社会，对外致力于推动建设和谐世界。共建和谐已经成为亿万中国人民的共同追求。这种和谐应是以人为本的和谐，即坚持尊重人的尊严，关注人的价值，保障人的权益，重视人的生活质量和发展潜能，努力实现人的全面发展。这种和谐应是公平正义的和谐，即坚持扶正扬善，注重权利的平等、分配的合理、机会的均等，确保各方面的利益和诉求得到全面兼顾。这种和谐应是诚信友爱的和谐，即坚持以诚相待，坦诚相商，诚实守信，更加关爱彼此，更加珍视情谊，更加融洽相处。这种和谐应是共同发展的和谐，即坚持平等合作、互利双赢，实现持久和平、共同繁荣，使人类文明进步的成果惠及各国人民，共同建设、共同享有属于全人类的美好未来。

这是平遥的一家小吃，生意很红火，人们一边吃一边聊天，老板娘认真的做着水饺。

我们要从身边的一点一滴做起，做个文明的人，人名素质提高一分，国家形象提高十分，只要我们大家团结起来，一定能够实现和谐的温暖的爱心过日子就得实实在在。谁能饿着肚子买玫瑰？浪漫是成年人的童话，是要花钱去买的。■失去浪漫的婚姻了无生机。一种美好的心灵感受，甚至比吃饱肚子更值得珍惜与回味。　选择实际派　■生活不是诗　■散闲　有人把恋爱比作诗，把婚姻比作散文，把中年以后的婚姻生活比作记叙文。

我觉得这不无道理。　人的精神生活和人的生理现象有共同之处，年时代朝气蓬勃，中年时代着稳重，老年时代世事洞明老人不能毛手毛脚，不然人说你老不成器；

年轻人不能太老成，不然被讥为老气横秋，连对象都找。所以我们要好好珍惜现的生活。

小女孩刚从家里走出来，站在门口，惊异的看着我们，很腼腆，害羞。

这是平遥小巷里的一个露天理发店，人们坐在一起，谈论着，说笑着，似乎忘记了在理发。

图 4-32　朱俊杰作品

广泛的兴趣时，组织讨论专版。这些专版有一定的时限性，不像定期专栏那样固定。

第三节　杂志

杂志，又称期刊，是一种定期出版物，有固定名称，并用期号连续不断的形式，间隔地、不断地出版。

“杂志”一词，源自法文，本意是仓库。“杂志”形成于罢工、罢课或战争中的宣传小册子。这种类似于报纸，但注重时效的手册，兼顾了更加详尽的评论。在特定的历史条件下，一种新的媒体就这样诞生了。“杂志”这个词第一次被用来称为刊物，出现在1931年伦敦出版的《绅士杂志》上。

一、杂志的基本属性：有出版周期与出版号

1. 出版周期

按出版周期，分为周刊、旬刊、半月刊、月刊、双月刊、半年刊、年刊等。

2. 出版号

公开发行的杂志都以自己的“ISSN”（国际标准连续出版物号）出版。

世界上第一份真正的期刊——法国的《学者杂志》1665年开始创刊。从那时算起，杂志已经走过了300多年的历史。杂志包罗万象，有医疗卫生、农业科学、工业技术、哲学政法、社会科学、经济财政、科教文卫、基础科学等各个学科的知识。

二、杂志的分类

①根据杂志的内容，可将杂志分为综合性期刊与专业性期刊两大类。②根据杂志所涉及的学科，可将杂志分为社科期刊、科技期刊、普及期刊等三大类。社科期刊中，又可分成新闻类、文艺类、理论类、评论类等；科技期刊可分成理科类、工科类、生化类等；普及期刊可分成知识类、娱乐类、科普类等。③根据杂志的出版时间，可将杂志分为周刊、半月刊、月刊、双月刊、季刊、半年刊、年刊等。④根据杂志的读者，可将杂志分为儿童杂志、青年杂志、少年杂志、妇女杂志、老人杂志、工人杂志、农民杂志、干部杂志、知识分子杂志、军人杂志等。⑤根据杂志所使用的语言，可将杂志分为中文杂志、英文杂志、日文杂志、俄文杂志等。⑥根据杂志的开本，可将杂志分为大16开、16开、大32开、小32开等。⑦根据杂志的发行地域，可将杂志分为内部发行、国内公开发行、国内外公开发行等。⑧根据杂志的发行方式，可将杂志分为邮发杂志和非邮发杂志。⑨根据杂志的性质，可将杂志分为学术性期刊、技术性期刊、普及性期刊、教育性期刊、情报性期刊、启蒙性期刊、娱乐性期刊等。

图4-33　资料图片

图4-34　资料图片

THE PENINSULA
李頌熹
David C Lee
金林半岛
见证欧洲王室荣耀的意大利钻石，
在金林半岛却是平易近人的风景！

順風
江湖

雅岸 聯體別墅 B
Connected Villa

順風
江湖

金林半岛
WE SHOULD AIM AT A GOAL HIGHER THAN EXCELLENCE.
凌駕于優越之上的高度
THE浣花溪风景区顶级城市别墅
PENINSULA

图4-35　资料图片

图 4-36　洛先洋作品

图 4-37　乔叶作品

图 4-39　赵自由作品

图 4-40　王芳作品

图 4-38　吴唯维作品

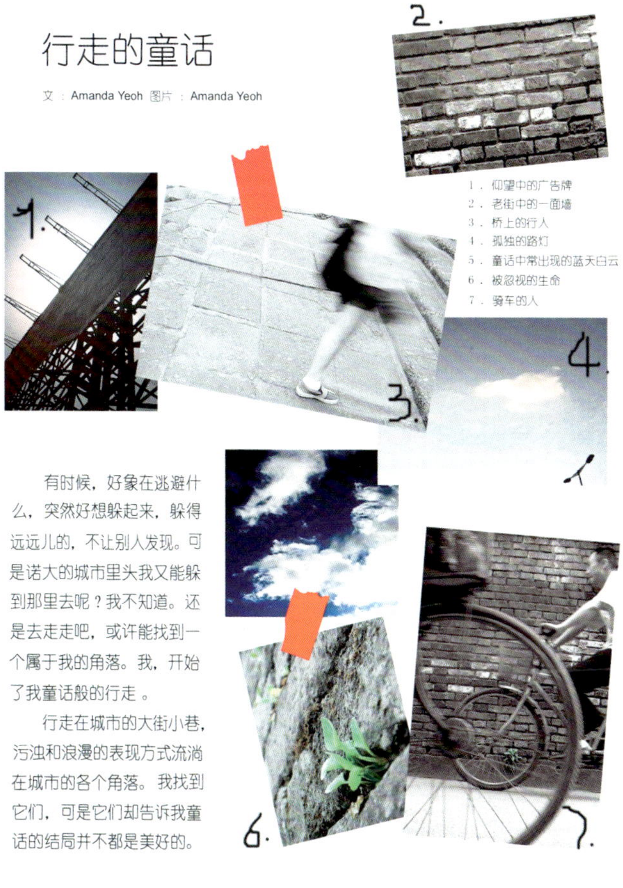

图 4-41　杨阳作品

图4-42　赵亚玲　《赛龙舟》

图4-43　杨静作品

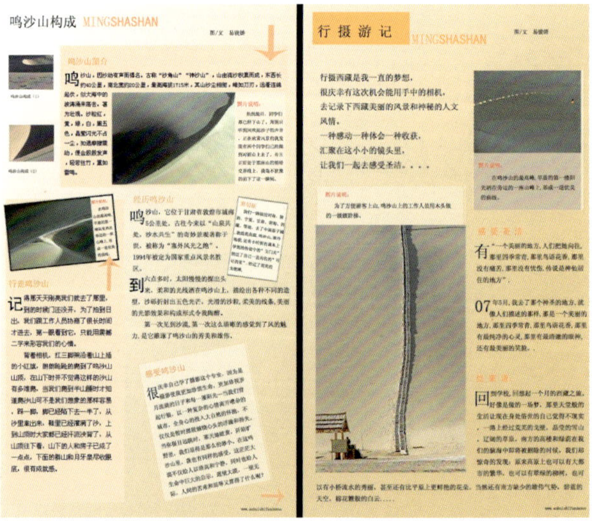

图4-44　易骏娇作品

第四节　包装

包装是在流通过程中，为保护物品，方便储运，促进销售而在艺术和技术上所做的准备与工作。包装是物品进入流通、消费领域不可缺少的条件之一。

一、包装的作用

①保护商品，防止碰撞、渗漏等，避免日晒、雨淋等侵袭；②方便运输与流通；③美化商品，吸引顾客，促进销售，提升商品附加值。

二、常用包装材料

①白纸类：普通白纸、拷贝纸、皱纹纸等。②气泡纸、保利绒、海绵、珍珠棉。③纸盒类：白盒、棕色盒、彩盒等。④塑料袋：PP、PE、OPP、PVC、PVA、收缩膜（PE、PP）等。⑤其他包装材料。

图4-45　资料图片

图 4-46　资料图片

图 4-49　资料图片

图 4-47　资料图片

图 4-48　资料图片

图 4-50　资料图片

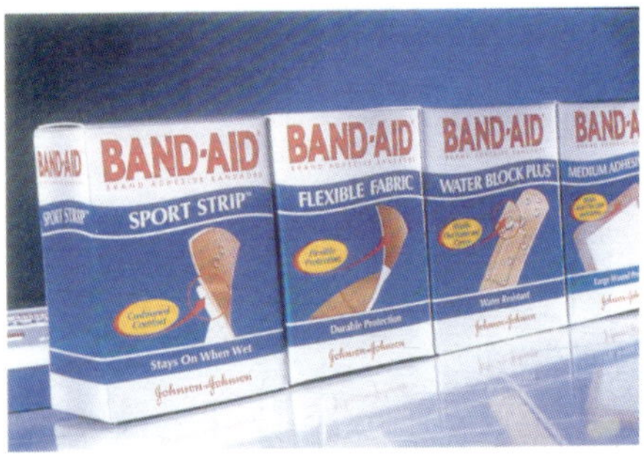

图 4-51　资料图片

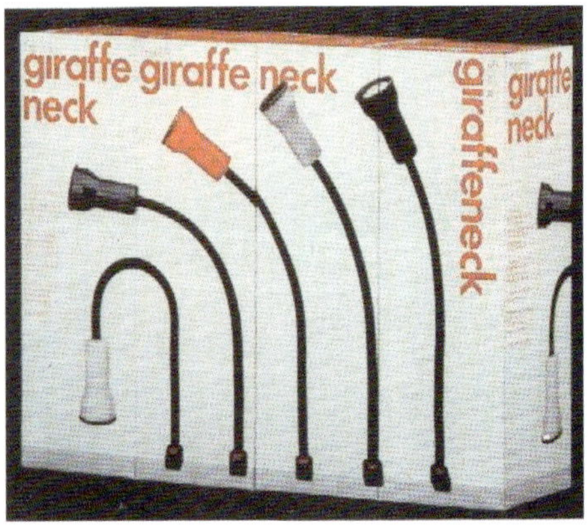

图 4-52　资料图片

图4-53 资料图片

图4-54 资料图片

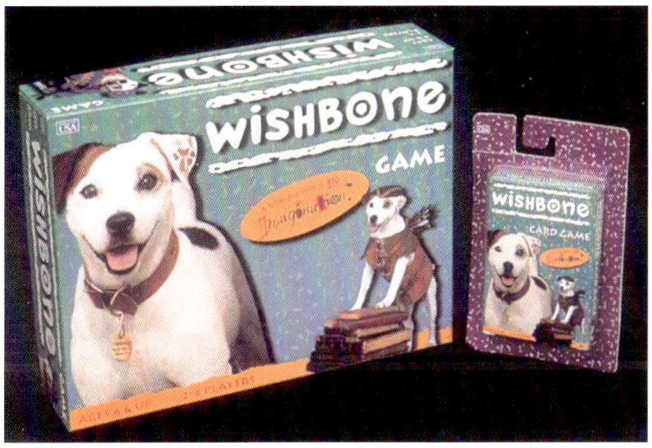

图4-55 资料图片

图4-56 资料图片

图4-57 资料图片

图4-58 资料图片

图4-59　资料图片

图4-60　资料图片

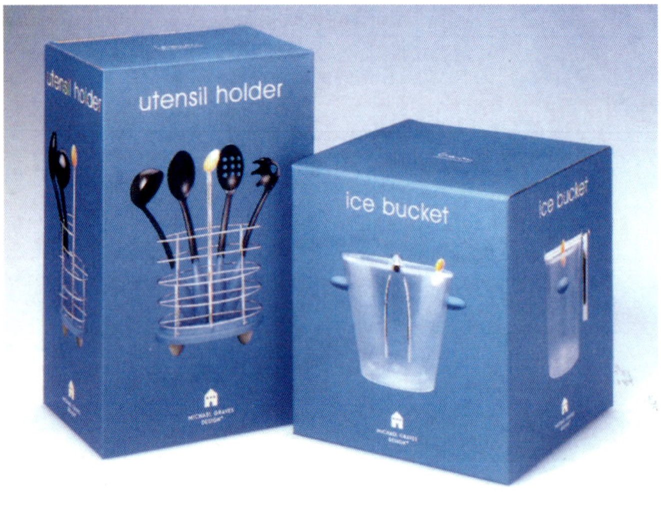

图4-61　资料图片

图4-62　资料图片

图4-63　资料图片

图4-64　资料图片

图4-65　资料图片

图4-66　资料图片

第五节　广告

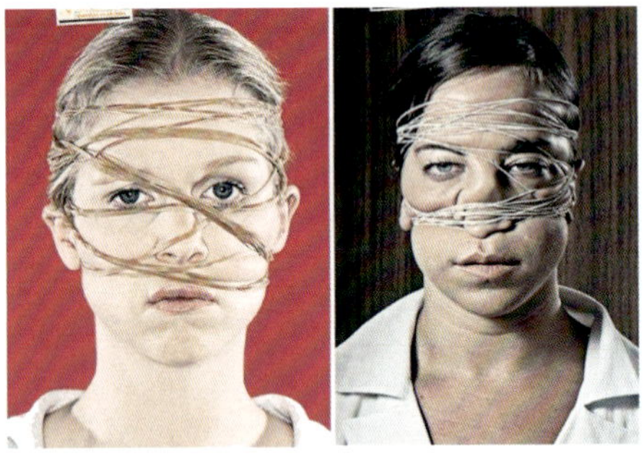

图 4-67　资料图片

广告是广告主付一定的费用，通过一定的媒介，向一定的人，传递一定的信息，以期达到一定目的的有责任的信息传播。

一、广告主

为了实现自己的某种意图特别是商业性意图而自行或委托他人设计、制作、发布广告的社会组织或个人。

广告主的范畴：政府机关、事业单位、慈善机构、社会团体及个人等。凡是人的聚合群体、团体及个人，只要开展广告活动，就是广告主，而且要明示于社会。

二、广告的表现形式

广告的表现形式主要有群体化、社会化两种传播、宣传形式。

1. 宣传媒介

宣传媒介可以是大众传播媒介，如广播、电视、报纸、杂志及网络等，也可以是自筹传播媒介，如路牌、灯箱、车体、橱窗及邮送广告。

2. 宣传活动

宣传活动可以是信息发布活动（如展览、发布会等），也可以是社会性文化活动（如游戏、文化仪式等）。

宣传活动具有信息真实、质量可靠、传播速度快、影响范围广、说服力强、接收平均费用较低的优点。

三、广告的目标体系

广告的目标体系就是向特定公众市场推销产品、服务或观念。①推销产品是广告最直接的目的，也是广告最常见、最一般的宣传内容和形式。②推销服务是向公众介绍各种劳务、方便条件、售前售后服务项目。③推销观念是推广某种消费观念、生活观念、道德观念或价值观念。

广告的目标可以促成和强化企业与公众之间的一致性，广告的目标体系包含四个层次：消费信息、观念、行为和信念的一致性。广告目标的内容和形式是有机统一的，两者之间存在交融关系。

四、广告的性质

对于企业而言，广告是一种投资行为，意在通过最小的投入获得最大的收益。

学生作品展示

刘佳　作品心得

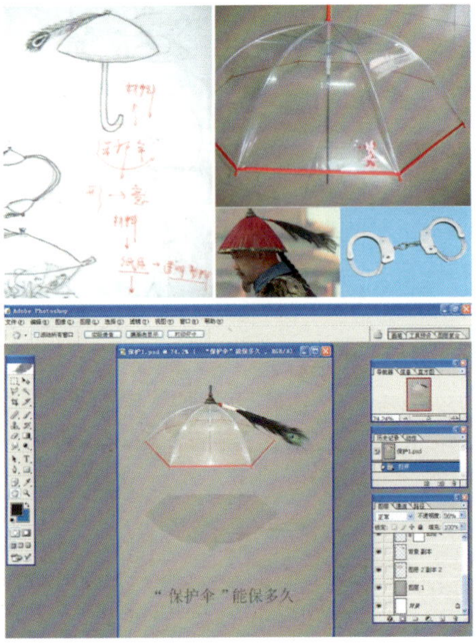

图 4-68　刘佳作品

官帽在古代是最直接表现一个人在朝为官的外在标志。可是，腐败的现象也随着官员的产生而存在。“一人为官全家享福”，有些人在“官”这把保护伞下胡作非为。可法律是公正的，腐败犯罪的人终将会得到制裁，

“保护伞”保不了他一辈子。

用透明的伞体代替原帽子的部位，保留官顶和官翎，体现出一种透明、脆弱。阴影中的帽体已经呈现出了破裂的症状，原来的官翎也已幻化成了一副手铐。一切不法行为终将会得到制裁，违法之人也终将会得到应有的惩处。

马永胜　作品心得

经过几周的奋战，我的设计终于完成了。在没有做设计以前，我觉得设计只是对这几年来所学知识的单纯总结，但是通过这次做设计发现自己的看法有点太片面。设计不仅是对前面所学知识的一种检验，而且也是对自己能力的一种提高。通过这次设计，使我明白了自己要学习的东西太多。以前总是觉得自己什么东西都会，什么东西都懂，现在看来，那时的自己眼高手低。通过这次设计，我才明白学习是一个长期积累的过程，在以后的工作、生活中，我要不断学习，努力提高自己的综合素质。

总之，不管学会的，还是学不会的，的确觉得困难比较多，真是万事开头难，不知道如何入手。最后，我终于做完了，有种如释重负的感觉。此外，我还得出一个结论：知识必须通过应用才能实现其价值！有些东西我以为学会了，但真正到用的时候才发现是两回事，所以我认为只有到真正会用的时候才是真的学会了。

在此要感谢我的指导老师陆青霖对我悉心的指导。在设计过程中，我通过查阅大量有关资料，与同学交流经验和自学，使自己学到了不少知识，也经历了不少艰辛，但收获同样巨大。在整个设计中，我懂得了许多东西，也培养了我独立工作的能力，树立了对自己工作能力的信心，相信会对今后的学习、工作、生活有非常重要的影响。而且，这次设计大大提高了我的动手能力，使我充分体会到了在创造过程中探索的艰难和成功的喜悦。虽然这个设计做得也不是太好，但是我在设计过程中所学到的东西是这次设计的最大收获和财富，将使我终身受益。

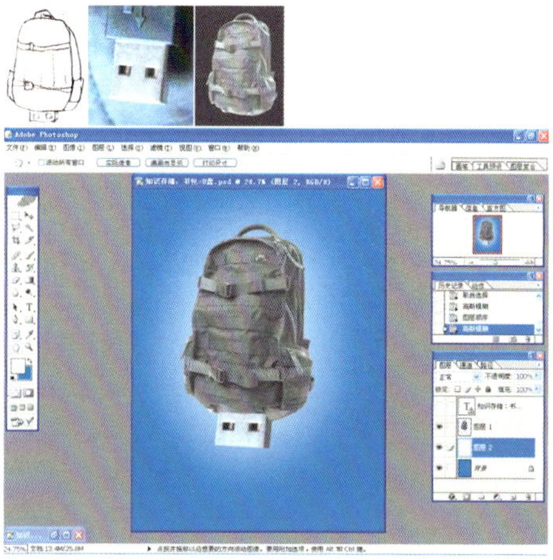

图4-69　马永胜作品

庄茜倩　作品心得

经过这一段时间的学习，我知道了一个好的创意并不是那么简单就能摆在大众面前，它必须经历一个过程。也许过程比较漫长，它需要不断取舍，不断完善，才能达到所谓的效果。它要简明易懂，让人耳目一新。

第一次接触这门课时，我很激动，觉得可以发挥自己所有的想象力。虽然在做练习时，大家都是在联想物，但是每个人所联想的东西是不一样的，所以在点评时会觉得很有趣。第一次课后画的是圆形、正方形和三角形的联想。老师说：“只有想不到，没有做不到。”老师让我们尽可能去想，接下来的几次作业都还不错。由于作业的难度加大，挑战也越来越大。有时会觉得思想快“干涸”了，想破脑袋了，因为图形设计课同时也在开课，作业也差不多，两门功课加起来一个星期大概要画50—70个联想图。那些天，我就是在挑战中度过的，在烦恼与乐趣中徘徊。

而真正到了关键时候，觉得自己茫然了，因为以前没有接触太多，只是简单把照片调整一下，对PS软件也不太了解。老师讲课时，操作得很熟

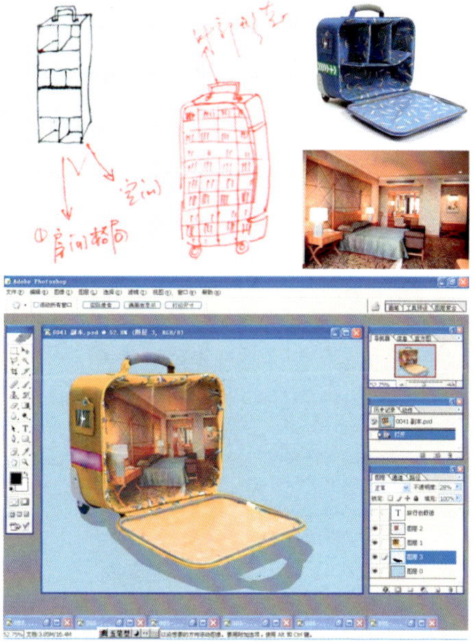

图4-70　庄茜倩作品

练，以至于上课的我们还没反应过来，就“飘”过去了。有时老师就会再给我们演示一遍，但重要的还是自己课后的实践。遇见不懂的，就和同学交流或到网上去找资料。而这段时间做的案例是经过同学和老师的共同努力才完成的，其中经过了初稿定方向，找素材，PSD初稿，然后不断地尝试不同的效果和修改，再精简，最后定稿，交给老师了。作品就这样一步一步从幼稚走向成熟。我在这期间也发现很多问题，所以我要加强学习。还有一点很重要，就是要创新思想。学习+创新完美结合，才会有好的作品展现给人们。

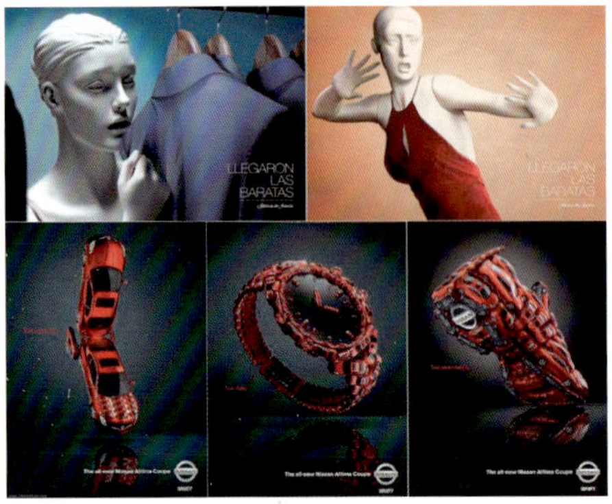

图4-71　资料图片

图4-72　资料图片

图4-74　资料图片

图4-73　资料图片

图4-75　资料图片

图4-76 资料图片

图4-77 应秀林作品

图4-78　侯立壮作品

图4-79　陈晶作品

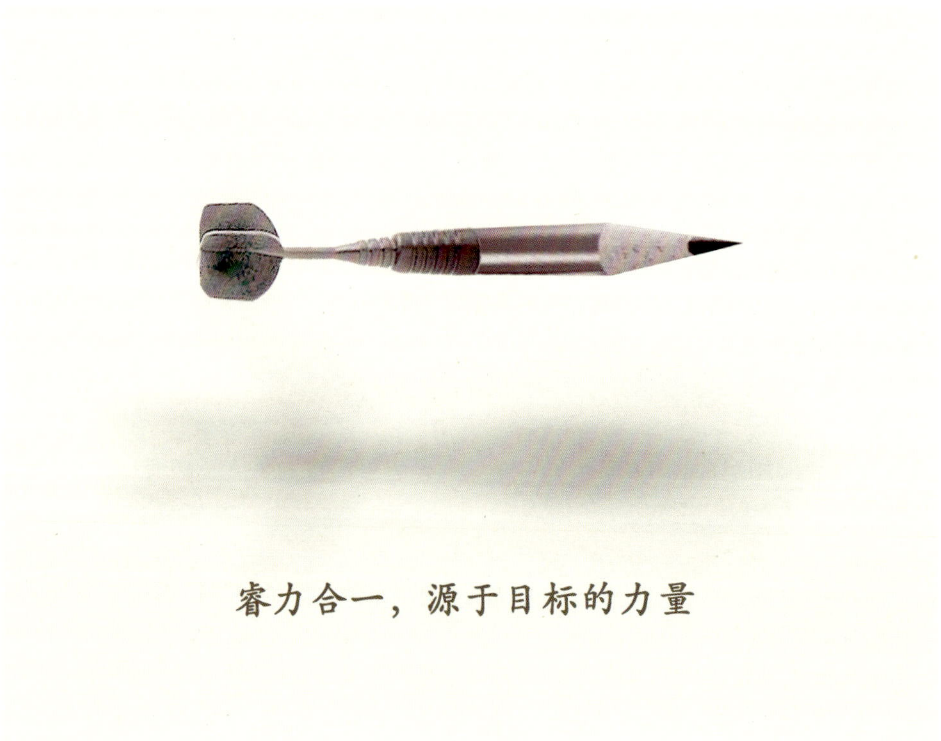

图4-80　陈雨林作品

图4-81　胡成作品

图4-82　李文作品

图4-83　王又沁作品

图4-84　汪贝妮　《沙漏》

图4-85　潘雅丽　《美丽的婚纱》

图4-86　贾慧琳　《面对面》

图4-87　秦晶　《成长的记忆》

图4-88　夏治林　《垂钓》

图4-89　赵毓琦　《多才由我》

图4-90　孔令瑶　《花开时节》

图4-91　胡海平　《安全》

图4-92　李萌　《两个世界》

图 4-93　杭星　《角色》

图 4-94　赵华馨　《微笑面具》

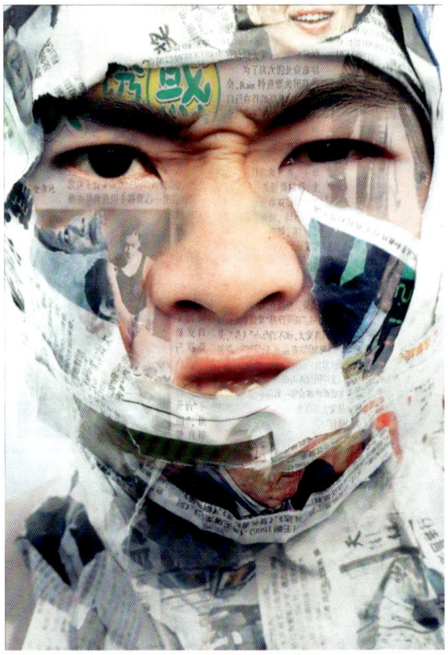

图 4-95　魏鑫悦　《突破》

图 4-96　高文哲　《视角》

图 4-97　赵梓余　《学习的我》

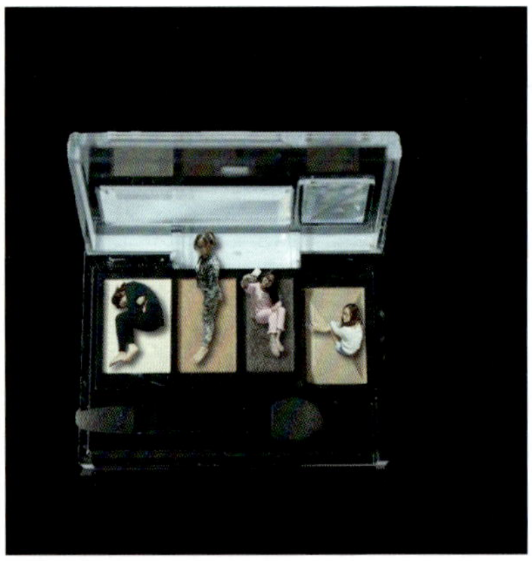

图 4-98　邱健　《妆容》

图 4-99　赵玉慈　《面孔》

图 4-100　郝金华　《现代女性》

图 4-101　张志鹏　《镜像》

图 4-102　陆青霖　《平遥国际影展》

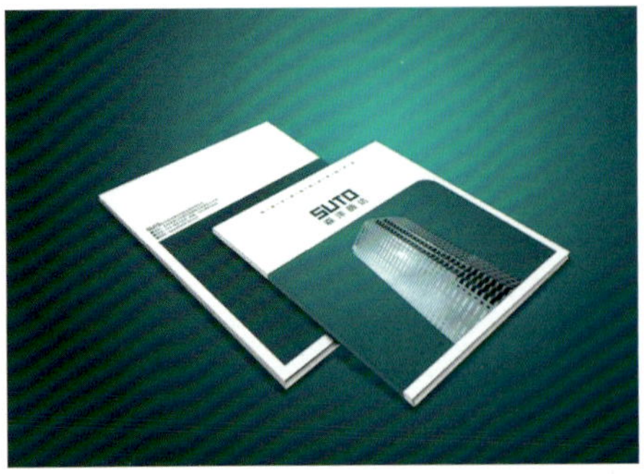

图 4-103　资料图片

图 4-104　资料图片

图 4-105　资料图片

第六节　企业

企业是从事生产、流通、服务等经济活动，以生产或服务满足社会需要，实行自主经营、独立核算、依法设立、具有经济法人资格的一种营利性的经济组织。

一、企业的分类

①根据投资人的出资方式和责任形式，企业可分为个人独资企业、合伙企业、公司制企业。②根据投资者的不同，企业可分为内资企业，外商投资企业，港、澳、台商投资企业。③根据所有制结构不同，企业可分为全民所有制企业、集体所有制企业和私营企业。

二、企业的作用

企业是市场经济活动的主要参加者，是社会生产和流通的直接承担者，是推动社会经济技术进步的主要力量。

图 4-106　资料图片

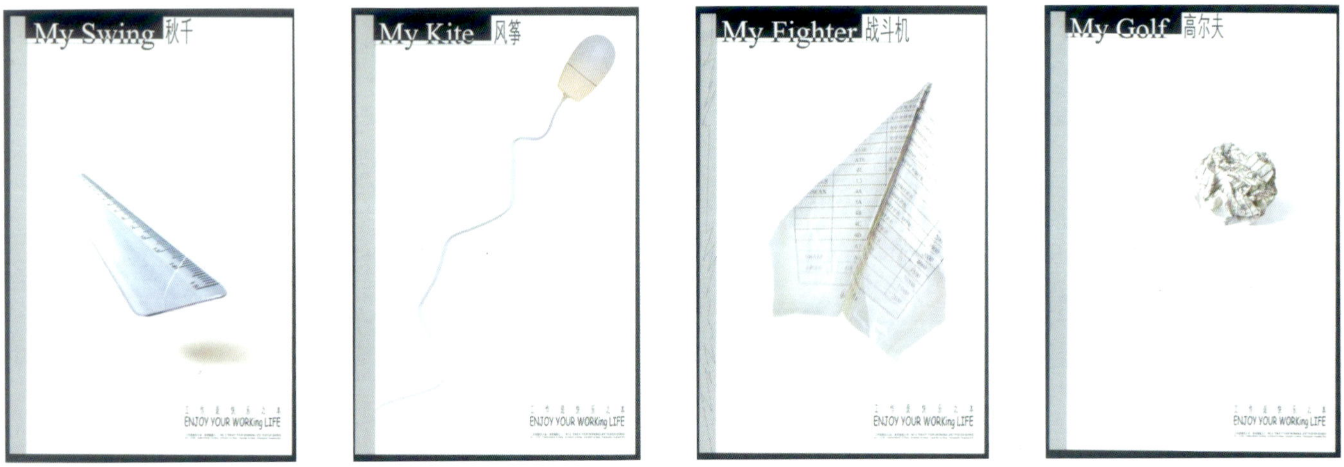

图 4-107　资料图片

图 4-108　资料图片

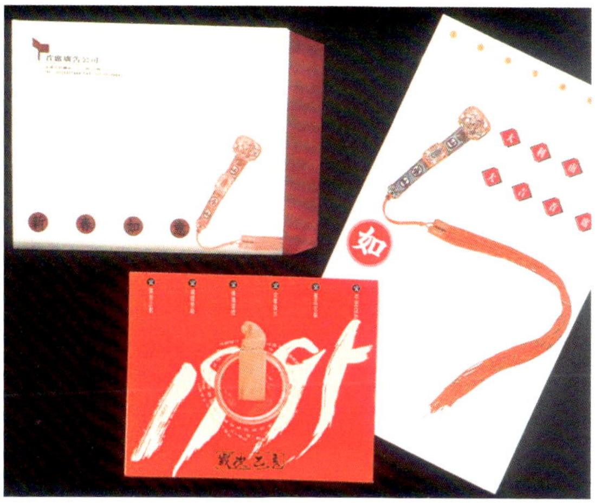

图 4-109　资料图片

图 4-110　资料图片

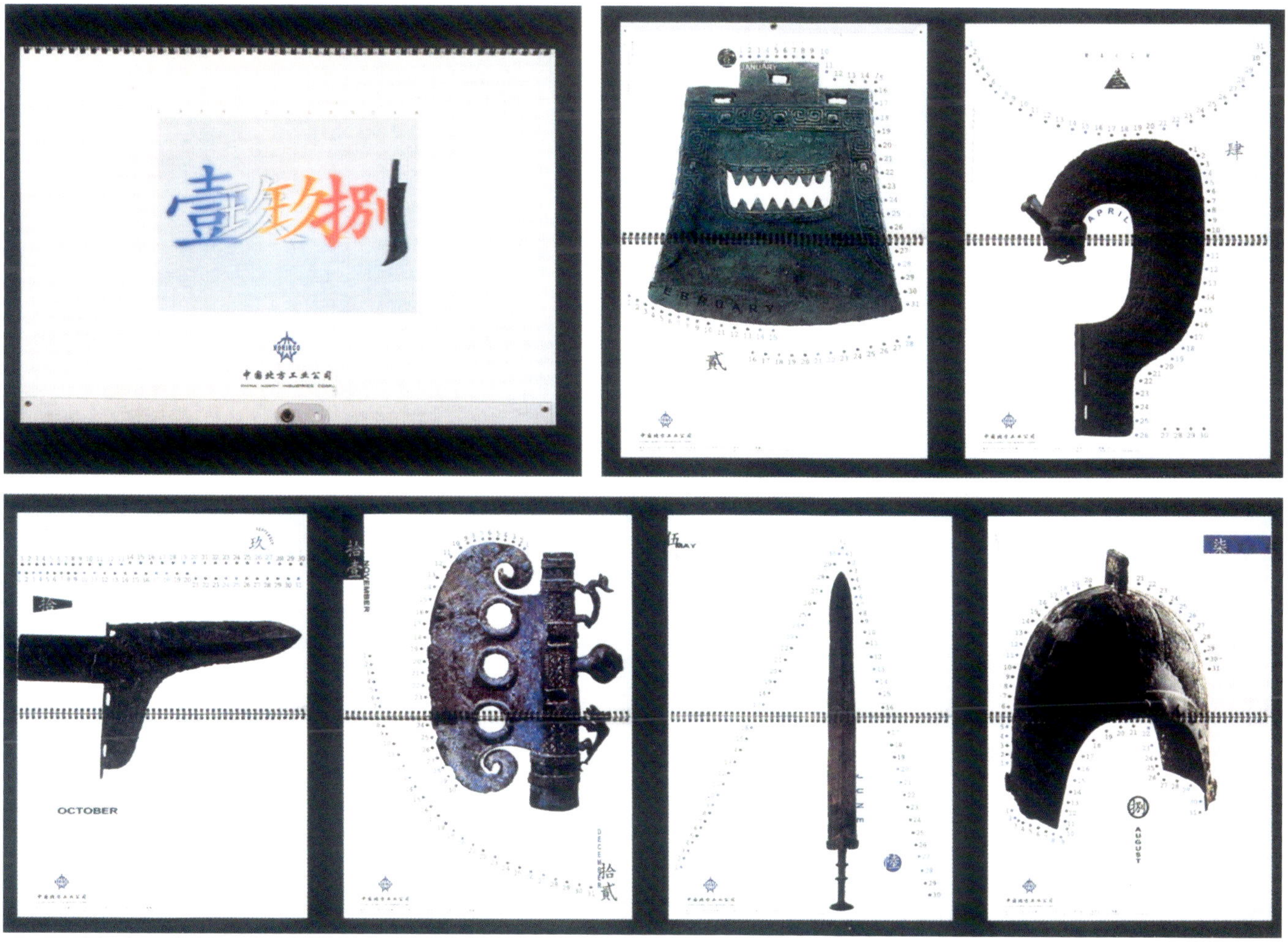

图 4-111　资料图片

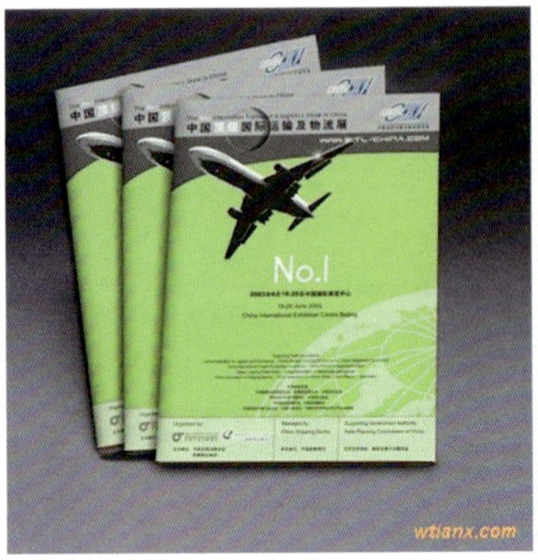

图 4–112　资料图片

图 4–113　资料图片

图 4–114　资料图片

图 4–115　资料图片

图 4–116　资料图片

图 4–117　资料图片

图 4–118　资料图片

图 4–119　资料图片

图 4–120　资料图片

图4-121　资料图片

图4-122　资料图片

图4-123　资料图片

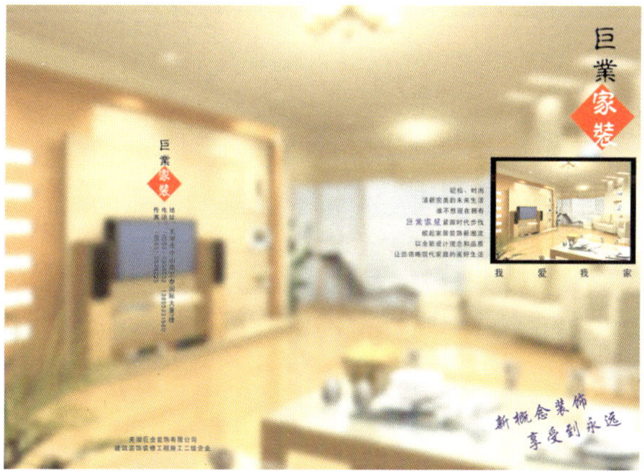

图4-124　陆青霖作品

图4-125　陆青霖作品

图4-126　陆青霖作品

图4-127 资料图片

图4-128 资料图片

图4-129 资料图片

图4-130 资料图片

图4-131 资料图片

第七节　网站

因特网起源于美国国防部高级研究计划管理局建立的阿帕网。

网站是指在因特网上，根据一定的规则，使用HTML等工具制作的用于展示特定内容的相关网页的集合。它是一种通讯工具，就像布告栏一样，人们通过网站来发布自己想要公开的资讯，通过网页浏览器来访问网站获取资讯和相关的网络服务。

早期的网站只能保存单纯的文本。经过几年的发展，当万维网出现之后，图像、声音、动画、视频，甚至3D技术开始在因特网上流行起来，网站也发展成现在图文并茂的样子。通过动态网页技术，用户可以与其他用户或者网站管理者进行交流。也有一些网站提供电子邮件服务。

网站盈利的基本模式有：出卖广告位，收取会员费，提取经纪费，获得联盟收益以及其他相关服务项目。

下面简要介绍网页设计的相关知识。

①网页设计中的美术设计，要求设计理念和方向要与企业的相关要求一致。要注意网页的色彩、图片的应用及版面策划，保持网页的整体一致性。②在设计网页时，如需使用新技术，要考虑主要目标访问群体的分布地域、年龄、网络速度、阅读习惯等。③制定网页改版计划，如在半年到一年时间内进行一次较大规模的改版。

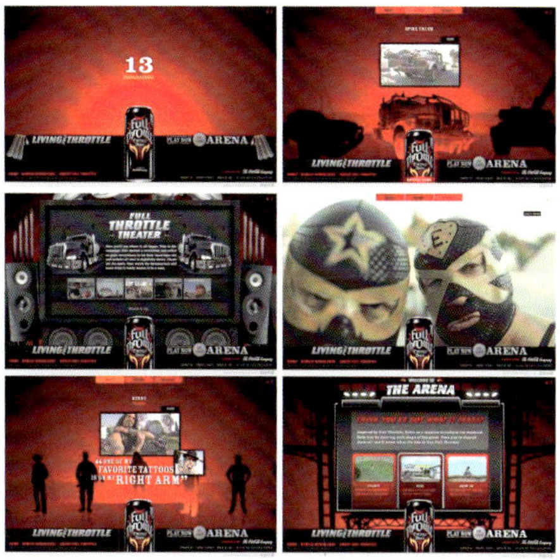

图4-132　资料图片

图4-133　资料图片

图4-134　资料图片

第五章　编辑图片

第一节　图片编辑基础知识

一、图片编辑需具备的素质

①能准确判断图片的价值，包括图片传达出的政治、文化、艺术、经济、宗教等信息；②能准确掌握图片的拍摄技术和相关参数，对使用哪张照片，需要把图片做成什么尺寸，把图片放在什么位置有清晰的认知；③有获得图片的能力与渠道，对工作充满热情，与摄影师能顺畅地沟通、合作。

图5-1　周卫星作品

二、提出问题

①拍摄的图片要真实、可信，能反映事件的发展与进程；②媒介传播所需图片，要具备一定的艺术与技术含量；③后期通过版式设计等增强图片效果。

三、处理办法

1. 图片剪裁

①剪裁图片的目的在于把视线集中（聚焦）到最有趣的画面上，帮助读者在视觉上找到照片的关键部分，把照片中无关紧要的部分去掉；②在剪裁图片时，要注意图片的视觉冲击力，减少视觉疲劳，还要考虑到版面设计的需要。

图5-2　周卫星　《剪裁1》

2. 图片修饰

我们可以通过以下几种方法来修饰图片：①整体或局部加、减光；②处理因扫描、打印产生的污点；③调整画面的反差与效果。注意：在修饰图片时，不得对画面和画面的真实性进行修改，进而误导读者。

四、选片标准

1. 报纸

读者一般会采用浏览的方式来阅读报纸。我们在为报纸选片时，要考虑到报纸大结像、主体突出、信息直接明了的影像特点。从报纸图片的内容到形式，要注意表现视觉冲击力与情感张力。

2. 杂志

一般而言，杂志印刷精美，给人以美的享受。我们在为杂志选片时，要考虑杂志图片的视觉构成较复杂、视觉符号较多，要从理解、揣摩以及思维想象空间几个方面去把握。

图5-3　周卫星　《剪裁2》

3. 网站

为网站选片可分为两种：①不直接面对读者，为网站后台提供图片；②直接面对读者，为各资讯网站工作，为网页选片。

4. 图片库

图片库主要包含如下几种图片。①新闻图片：新闻图片是对历史事件的记载，具有时效性，再利用率低。②特写图片：特写图片一般用于表现情感，具有艺术性，再利用率高。③插图图片：插图图片一般较抽象，用于表达一定的主题。

选片角度：代表性与普遍性，注意信息的多义性和发展的前瞻性。

图5-4　周卫星　《郑州》

五、图片报道

①选出生动、形象的好图片；②具有代表性内容的图片；③必须有较为宽广、开阔的视觉感受；④注意图片在版面上的大小、版式与剪裁方式；⑤选定主题图片并根据版面适当放大或缩小；⑥正确处理标题、正文和说明文字与图片的关系。

六、图片说明

1. 写作要求

（1）消除图片的模糊性和多义性，准确传播信息

①揭示图片想要表达的意义；②提示图片关键性细节；③阐释图片画面背后不能表达的信息。

（2）引导读者理解图片

①解释图片中人物的动作含义，证实其身份；②了解图片的拍摄环境和被使用原因；③强调图片中有但可能被读者忽视的细节；④标明作者及其所属机构。

（3）文字说明有时可能成为图片的卖点

2. 技术技巧

①将新闻写作中5个W（何时、何地、何人、何事、何故）、1个H（如何）中最重要、必需的放在前面；②语言简洁，人物、事件中的时间、数据要精确；③不要写图片中易见的，不要描述图片，要阐释照片中的故事。

图5-5　张卫华　《天坛》

练习

主题：图片故事。

内容：围绕自己熟悉或感兴趣的人、事、物进行专题拍摄。

要求：1. ①对生活某一领域进行真实、自然、深入的透视。②从属同一专题，有头有尾，讲述完整的故事。

2. ①点题图片：图片故事中具有精彩的本质和特征的画面。②重点图片：表现故事主要内容和部分的图片。③压轴图片：使故事结尾的可以回味和呼应主题的图片。

3. ①不要急于拍摄，坚持只用现场光。②画面丰富多变（全景、中景、特写等）。③坚持长期、连续的采访与拍摄。

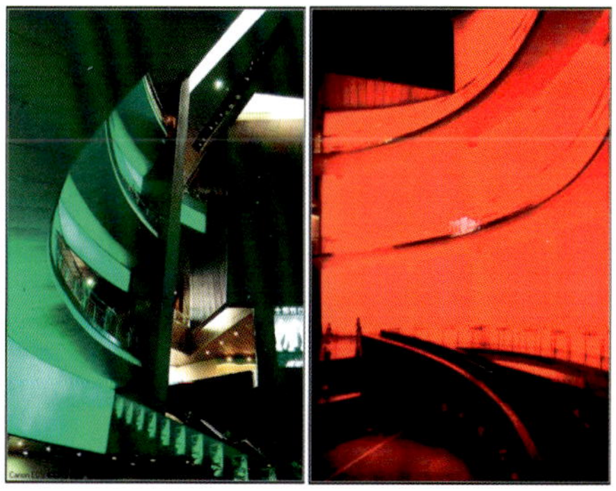

图5-6　王旭　《电博：对比》

第二节　图片的版式与开本

一、版面设计

版面设计是指在既定版面上，对稿件的体裁、结构、层次、图片等内容做艺术和科学的处理，使各个组成部分相协调、统一，使外部形式结构既符合人的视觉习惯，又符合阅读者的心理规律。

在做版面设计时，我们要尽可能让版面可读、易读、悦读。要注意处理好图片的大小及其摆放位置，处理好线条、空白、文字和排式之间的关系。

1. 图片

图片位置的大小根据版面设计的主题、内容和大小而定。图片的层次与序列主要有：点题图片、重点图片、压轴图片、反衬图片、开篇图片、收尾图片（关键）。

2. 线条

线条一般分为黑白、彩色的两种。线条可以起到分隔、区别的作用，或给图片带来装饰（规范、秩序）的效果。

3. 空白

空白是指版面的空隙间隔，是一种视觉缓冲。在国外，空白被称为“间隔的醒目价值”。间隔具有如下特点：①虚实；②有色衬底；③调节（休息与均衡）；④装饰（空间美）。

4. 文字

文字主要分为：①标题；②正文；③图片说明。

5. 排式

（1）版心

版心宜上不宜下，版面中心有几何中心：对角线交点、偏上靠订口。

（2）竖排

竖排是中式排法，这种排法遵循自上而下、自右而左的顺序。

（3）横排

横排是西式排法，内容按自左而右、自上而下的顺序排。这种排法符合人眼的生理机能。

图5-7　陆青霖　《拆迁》

二、版式编排

在编排版式时，我们要尽可能做到均衡、错落、和谐。

1. 结构

在编排版式的结构时，我们要注意以下三点。①报纸的跨栏。②如何在文字间插图片。③成组专题的摆放（主次分明、重点突出、相互评论）：a.并列法；b.搭角法；c.压底法。至于画册图片，有多种结构：一页一图，一页双图，两页两图，两页一图，一页多图，两页多图。

2. 格式

主要的格式有以下几种：①常见图文编排格式；②“出血”图文；③满版“出血”；④跨页。

图5-8　陆青霖　《空间：角度》

目前，我们主要有三种版面设计形式。

（1）古典版面设计

500多年前，德国古登堡确定的欧洲书籍形式以订口为轴心，左右两页对称。

（2）网格版面设计

20世纪30年代，网格版面设计产生于瑞士，同时印有德、英、法三种文字的版面，运用固定的格式设计版面，把版心的高、宽分为1栏、2栏、3栏（标准尺寸）。

（3）自由版面设计

20世纪80年代，自由版面设计产生于美国。这种版面的特点是：照相胶片剪辑，照片电子桌面排版系统。诗集、杂志、海报、小印刷品及相关出版物多采用自由版面设计。

图5-9　资料图片

三、开本设计

1. 含义

开本设计是书籍开数幅面的简称，全开纸开切为多幅相同大小纸张数。装订成册的书籍的开数称为开本，如16开本、32开本等。

2. 类型

（1）几何开法

1/2、1/4、1/8、1/10以2为几何数开法裁切，选用的纸张尺寸一般为787毫米×1 092毫米或850毫米×1 168毫米，这两种尺寸的纸张适用于各类印刷机、装订机、折页机（工艺适应性强）。

（2）非几何开法

非几何开法是指幅面近似正方形，不宜用折页机折页。

（3）特殊开法

特殊开法是指纵横、混合开，这种开法多用于单张插页及封面用纸。

3. 尺寸

我们在这里向大家介绍几种常规尺寸。

整开纸尺寸：787毫米×1 092毫米

16开：197毫米×263毫米

32开：130毫米×186毫米

12开：186毫米×210毫米

整开纸尺寸：850毫米×1 168毫米

大16开：206毫米×283毫米

大32开：141毫米×203毫米

大64开：102毫米×138毫米

4. 考虑因素

（1）书籍性质与内容

如画册、图集等，多采用大型开本或特殊开本；经典著作和学术著作及大型工具书、高等教育教材、期刊等，多用较大的中型开本；中小学教材则采用较小的中型开本；小型工具书等便携类图书，多采用小型开本。

图5-10　恩佐　《生命》

(2) 文字结构与编排体裁

如诗歌、谜语集、名言集等，可采用长开本；儿童读物可采用特殊开本或横开本。

(3) 读者、定价

根据不同的读者、读者需求以及定价，设计不同的开本。

(4) 开本规格

开本规格有6开、8开、12开、16开和其他开本。

5. 版心设计

版心设计是指书籍翻开后两页成对的页面上被印刷的空间。

四、印刷工艺

1. 类别

(1) 凸版

凸版是指书籍的图文部分凸起（铅印），高于空白的部分。

(2) 凹版

凹版是指书籍的图文部分低于空白部分。

(3) 平版

图文与非图文均处于同一平面，分为石印、胶印、珂罗版印刷。

石印：根据石材吸墨及油水不相容的原理创制。

胶印：采用金属薄片为版基，通过感光原理制成图文与非图文，基本处于同一平面的印刷，20世纪中期发展最快，也是现代最主要的印刷工艺。

珂罗版印刷：多用磨砂玻璃做版基，涂布明胶和重铬酸盐溶液，制成感光膜，用阴图底片敷在胶膜上曝光、制成印版。

(4) 丝网

以丝网做基材的一种孔版印刷。

其他还有静电、热、喷墨、电磁、立体印刷等现代印刷工艺。

2. 制版

制版是指从原稿到印刷的制作技术。

(1) 印刷方式

印刷方式有凸版、凹版、平版、柔性版、丝网印版技术及特种制版等。

(2) 图文综合制版

图文综合制版多采用激光照排的方式。这种制版的载体可以是金属塑料板、软磁盘、光盘（数码、电子）等。

案例

菲利普·哈尔斯曼作品——《原子的达利》介绍

菲利普·哈尔斯曼（1906—1979年）美国摄影大师。他的黑白肖像摄影达到摄影艺术的高峰，成为世界摄影的典范。1906年，菲利普·哈尔斯曼生于欧洲的拉脱维亚首府里加市。青年时代的哈尔斯曼曾在德国的德累斯顿学过三年电气和机械，并开始对摄影产生兴趣。1930年，他居住巴黎，开始从事摄影工作。1940年，纳粹侵占巴黎的前夕，他在科学家爱因斯坦的帮助下，带着一只箱子、一架照相机，逃难到了美国。此后，他一直定居在纽约，直到1979年6月逝世，享年73岁。

哈尔斯曼博学多才，思维敏捷，能言善辩，懂得英、法、德、俄、西班牙、拉脱维亚和拉丁等语言。他的人像摄影有着独特的风格和精湛的技术，在美国摄影界享有很高声誉。1945年，哈尔斯曼任美国杂志摄影家协会的第一任主席。1958年，被美国《大众摄影》杂志推选为世界十大摄影名家之一。他精通心理学，擅长拍摄别具一格的“心理肖像”照片。世界上许多著名的政治家、科学家和艺术家都曾出现在他的镜头中，其中包括丘吉尔、达利、温莎公爵夫妇、费雯丽和劳伦斯·奥利佛等诸多知名人士。美国《LIFE》杂志在1942年到1970年间，选用哈尔斯曼拍摄的肖像照片做封面，达101张之多，创该杂志出版以来最高纪录。他为斯蒂文森、爱因斯坦和斯坦贝克拍的肖像，曾被印制在邮票上大量发售。除了摄影之外，哈尔斯曼还经常讲课和演说。他一生出版了6本有关摄影的书籍和画册，其中影响较大的有1961年出版的《菲利普·哈尔斯曼论摄影意念的产生》和1972年出版的《哈尔斯曼的透视眼光》。

菲利普·哈尔斯曼是一位超现实主义人像摄影的怪才。1941年，哈尔斯曼与达利相识于纽约，两人建立起亲密的友谊，开始了长达30年的合作，哈尔斯曼由此拍摄出了一系列非凡的照片。

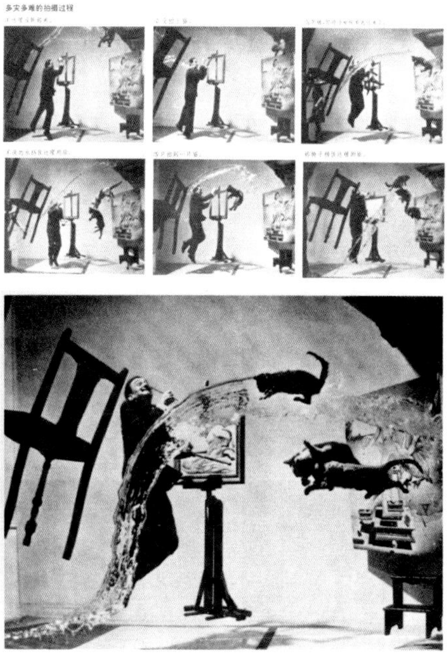

图5-11　资料图片

被摄者萨尔瓦多·达利和摄影者菲利普·哈尔斯曼在艺术上都是超现实主义艺术家，一个是画家，一个是摄影家，两人又是要好的朋友。达利解释，之所以起《原子的达利》这个标题，是因为“我最近才知道原子还不是物质的最小单位，原子中还存在原子核、质子、中子等，这些围绕着原子核把它托在半空中不停地运转着。这样一来，由原子形成的物体，等于都是浮在空中了。于是，自命为超现实主义画家的我，就把所有的东西都据实作为半悬空状态来描绘。”

正因如此，哈尔斯曼决定为达利拍一张悬浮在空中的达利，连同他的画布、画架以及其他。哈尔斯曼请来了四位拍摄助手共同完成这一创作，哈尔斯曼夫人也出场助阵，她负责把左边的那张椅子高高举起。要在现实生活中表现超现实主义的意境并不简单，飞跃的黑猫，悬空的流水，半悬在空中的椅子。要获得这样的画面，除了精心的设计，还需要一些运气和巧合。黑猫的抛出、泼水和达利的跳起，这一过程共重复了二十多次，拍摄过程也历经了6个小时，但这一切都值得，一幅令人赞叹的摄影作品就这样诞生了。

《原子的达利》展现了哈尔斯曼高超的拍摄技巧和精妙构思，更重要的是，它捕捉到了达利性格的神髓。

这是一幅利用视错觉创作出的画面，这幅作品同样经过了精心的编排。哈尔斯曼请来了老朋友达利和9位女模特，最终他选用了7位人体模特组成一个逼真的骷髅，令人触目惊心，惊恐万分。生与死、美丽与丑陋、诱惑与抵御，哈尔斯曼在这幅作品里向我们提出了太多的疑问。

爱因斯坦一生不喜爱拍照，虽然他的科学成就无人匹敌，但他内心一直对他的公式导致原子弹的爆炸感到悲伤。哈尔斯曼对爱因斯坦怀有无上的敬意，他说：“在我拍过的人中，爱因斯坦是最令我钦佩的……”英雄惜英雄。爱因斯坦对这张照片的评价也是：“我不喜欢我的任何一张照片，但就这张照片而言，我不喜欢的程度要小一些。”这是爱因斯坦对这幅照片的最高嘉奖。这幅肖像摄于爱因斯坦的书房，照明器材是轻便泛光灯。在交谈中，当提及他的公式E＝MC导致了原子弹的爆炸时，爱因斯坦陷入了沉思。接着，他便沉默不语，处于悲伤的沉思之中。哈尔斯曼拍摄了爱因斯坦，一个充满伤感的爱因斯坦。

哈尔斯曼人物肖像的成功之处，在于其不但形象地刻画了人物本身，而且揭示出人物的内心世界，茫然而伤感的爱因斯坦也给我们留下永久的回忆。

图5-12　郝金华　《考研》

学生作品展示

郝金华　《考研》作品心得

在大三上学期有幸得陆青霖老师再次带大家的课程，与大二时相比，课程内容有了很大突破，同学们的动手能力也有了提高。

学期开始是关于图片的信息与联想，从简单没有色彩与感情的物品拍摄到最后表达情感的图片的终极表现，在这个过程中，老师带大家训练了很久，重点是正确引导大家对图片的感悟。之后是视觉日记的表达，包括最后期末作业的关于整个的图片与信息的结合，都是对同学们图片编辑能力的锻炼。

我的期末作业是关于“考研者的一天”的画册排版，其中包括封面、封底以及中间各个页面的查漏补缺，甚至就画册题目也向老师请教了很多次。在这个过程中，以及在听老师给其他同学建议的时候，我都会有一些灵感，最后再运用到我的作业中。我从一开始的对排版完全没有感觉到最后一步一步做好，这种感觉是非常奇妙的，最后即使成品并不完美，但当我点开图片看的时候会有一种自己真的把事情做好的感觉，这也是对自己的一种突破和对不熟悉事物的了解吧。在这个学习的过程中，很感谢陆老师给予我的指导。

作品《考研》是我从早上六点到晚上十点半跟拍一位备战考研的同学所完成的作品。之后，我用心做了画册，整个过程使我成长，我也感受到了排版的魅力，以后会继续研究和学习图片编辑。

图5-13　汪景　《向阳花》

汪景　《向阳花》作品心得

这学期的“图片编辑学”学习的内容主要就是讲怎样将文字和图片排版在一起。巧合的是，这学期我一边学习排版的专业知识，一边做杂志《向阳花》。

我在做这本杂志的过程中，从材料收集到整理汇编，从文字校对、审核到定稿，从排版设计到调整编辑，每一个环节都是独立而又密不可分的。所以，当一个流程完成后，其中任何一部分的小改动都牵连到整体。在这个工作中暴露出的最大问题就是不细心，我在一些细节上做得不到位，导致了一次又一次的修改。经过这个过程，我也积累丰富的经验。当然，还有很多地方需要完善的地方。统一很重要，包括字体、字号、行距、纸张大小、页码位置、固定留白等都要有一个固定的值；还有就是要向砌墙一样，从最下面的那层砖开始一层层的都要砌平稳，一层一层的严格把关到最后肯定不会出很多岔子。例如文字稿在成型之后就要有人审核而不是直接录入，还要注意及时保存、替换。通过学习和实践，我不敢说自己已经百分百掌握了图片编辑的内容，但是通过这次的学习和实践，我确实学到了很多东西。

练习

主题：“图片故事”图文版面设计。

内容：报纸、杂志、图书或网页的图文专题。

要求：用8至12张图片做成系列或专题，区分标题、正文和说明文字，色彩要和谐、统一，符合媒介的设计标准与技术要求。

第六章　范例鉴赏

图6-1　吉尔·格林伯格　《哭泣的天使》

《哭泣的天使》作品介绍

吉尔·格林伯格1967年生于加拿大蒙特利尔，自小在美国底特律长大。1989年，格林伯格毕业于罗德岛设计学院，获得美术学士学位，后前往纽约追求摄影梦想。

吉尔·格林伯格在寻求题材的过程中，无意拍摄到一个正在哭泣的小男孩。“画面效果十分震撼，”格林伯格说，“他很伤心，但是毫无缘故地在哭。”

由于当时正好是美国总统布什获得连任并就职不久，格林伯格决定将这张“哭泣”的照片取名为“下一个四年”。“我想，拍摄这一系列具有震撼力的照片，再取个和政治相关的名字，应该很有意思。”

产生这一想法后，格林伯格打电话给儿童模特公司，并开始为孩子的照片设想一些名字：“折磨”“震惊”“害怕”等等。格林伯格说，拍摄过程很简单，先给孩子一根棒棒糖，然后让其母亲把糖夺走，短暂地离开摄影棚，当孩子失去糖果、看不见妈妈时，他们就号啕大哭，然后由格林伯格抓拍哭泣表情。

格林伯格总共拍摄了大约27名两三岁孩子痛哭的照片，其中还包括格林伯格自己的孩子。在浅蓝色背景下，孩子们脸上流露出被欺骗的可怜神情，有的还把眼泪流到了肩膀和肚皮上，似乎痛苦远远不止失去一根棒棒糖那么简单。

格林伯格将这一系列照片命名为《终结时代》，这一作品曾在洛杉矶科佩金画廊展出。一位39岁的母亲说，这组作品表达了这样一种预设：如果孩子们得知自己将要面对的是个什么样的世界的话，他们会有什么样的感觉。

“我们的（美国）政府是如此腐败，”格林伯格在描述自己的作品时说，“我的感觉是，我们的世界正在面临毁灭。当初我怀孕时，一直在想：我想吃金枪鱼三明治，但不能吃，因为我们已经毁了我们的海洋。这就是我们所处的环境。”

有关虐待儿童的说法也让格林伯格颇为不满。“我有一个温馨的家庭，我一生中从来没有做过可怕的事情，关于孩子哭泣的照片虽然让人难受，但也充满力量，有一种让你想去保护这些孩子……但人们太注重这些照片的表面了，好像照片中的孩子真的遭遇到可怕的事情似的。”格林伯格说。格林伯格介绍说，事实上，图像在后期制作过程中做了强化效果处理，比如用Photoshop图像处理软件加深孩子哭泣时眼圈周围皱纹的颜色，同时亮化眼泪，直到眼泪变得闪光，这些都让孩子们显得比实际上更伤心。

照片在超级博客网站登出当天，主办《终结时代》展出的科佩金画廊网站的点击率就从平时的1 000次猛增至1.4万次，此后更是涨到每天6万次点击量。由于还收到太多表达愤怒的电子邮件，画廊开始考虑在《终结时代》作品展出期间采取一定的安保措施。

鉴于此，《美国摄影》杂志在7月至8月刊中将《终结时代》列为该年度最具争议图片。杂志总编戴维·舍瑙尔说，杂志关于图片的两页报道，获得的反响比他们过去5年中发表的任何文章都要强烈。

不过，众多骂声反而推高了《终结时代》的标价。一家公司对格林伯格的这批作品表现出浓厚的兴趣，他们有意将整个《终结时代》作品系列买下来。这些照片每张起价就达到4 500美元。

作为当事人之一，母亲伊莲·纳贝尔回忆了自己3岁女儿艾丽舍的摄影过程。

“我接到福特模特公司的电话，”纳贝尔回忆说，“工作人员好像说过，孩子需要哭一下。我说，她本来就一整天都在哭，所以并没有介意。对我来说，这就相当于摄影师要求你的女儿穿上泳衣或一件芭蕾舞服或者让你女儿表现出微笑，没有什么区别。”

拍摄的时候，没有穿上衣的艾丽舍站在一个木箱上，几米外站着她的妈妈。格林伯格则站在镜头后。一名助手递给艾丽舍一根棒棒糖，纳贝尔却夺走了女儿手中的糖并走开，这让艾丽舍号啕大哭，而后拍摄持续了二三十秒。纳贝尔说，艾丽舍事后“抽泣了一会儿”，但马上得到了更多的棒棒糖。如今，艾丽舍已经完全忘了当时发生的事。

格林伯格说，那些参与《终结时代》拍摄的孩子看到展墙上自己的“哭相”时，似乎很欣喜。

桔色小猪 《给西部孩子一张自己的照片》作品心得

我第一次去西部旅行的时候，带了一台富士mini立拍得相机和10盒底片（100张）。在路上，这相机让我体会到很多不为人知的快乐，也让我得到很多意想不到的收获。其实，这最初的举动，完全是另一个热爱自行车旅行的朋友给予我的启发，我只是模仿了他。

出发之前，我完全没有想到影像对于西部人的重要，可后来我知道了。当我渐渐深入到偏远、闭塞和相对落后的地方，才发现数字化的今天，真的有很多老人一生未曾拥有过一张完全属于自己的照片。当她颤巍巍拿着我给她拍的快照，把那照片和印着活佛的卡片一起，既郑重又宝贝地般放进衣服里的时候，我感觉她都快哭了，只是眼睛已经没法源源不断供应眼泪。还有孩子，很多很多孩子，他们长到5岁、6岁、甚至10岁，当他们的童年渐行渐远，接近尾声的时候，他们都没有一张印着童年的照片。当我拍一张照片送给他们的时候，他们各个都有不同的表达，是高兴的表达。当然还有那些全家福的合影，许多人身着盛装，让我握着200多块相机的手有点发抖。

图6-2 桔色小猪 《给西部孩子一张自己的照片》

第一次，我用相片换取帮助，同时我也无偿给少量藏民拍照；第二次，我用相片换取他人进入我镜头的机会，我送照片给他们，他们让我免费拍；第三次，很多朋友来帮我了，我换了大的富士instax 200立拍得相机，用很多朋友捐的钱买了一箱胶卷，居然还带着500元的糖果专款上路了。第三次的拍摄是针对所有愿意进入镜头的西部孩子，当然有些老人我也没法拒绝，他们看上去也很想要一张照片。我给所有被摄者一张有自己肖像的立拍得照片，同时让他们举着自己的照片，我再来拍一张。得到照片的所有人都愿意这么做。

但第三次旅行因为某些客观因素中断了，我只用去一半胶卷，糖果费也只用了约120块钱。9月1号，在逆光老师发起的人像工坊“头脑风暴”中，大家为此次拍摄提供了更深入的可能性，使我非常激动。我想，这个拍摄不可以中断，等我身体好一些，我还会继续这个主题，就像大家建议的那样拍。细节部分我再继续完善，或者大家继续“头脑风暴”，帮助我完善这个拍摄。小猪在此谢谢大家。

有时候我感觉自己特别迷茫，尤其是进入很多NB论坛的时候，看着别人拍出那些美轮美奂的片子，看着别人掌握那么棒的PS技术，心里非常沮丧，也非常孤独。今年出去旅行后这种感觉略微好了一点点，我看到我自己拍得那么拙劣的照片，居然也给很多人带去了快乐，也许影像的某种真谛即是这样吧。有人说其实把照片寄给他们也一样的，对的，其实最终目的就是让他们得到完全属于自己的照片。但如果你身在现场，深入一点，深入一点，再深入一点，就会发现，如果能让他们第一时间得到照片，就绕过了冒险邮寄这个最漫长、最不方便、最不便捷的过程。而且最重要的是，你会在给出照片的瞬间，很有成就感，那种真正成为“摄影师”的成就感。

今年募集胶卷之前，一个朋友和我提了个概念，他说：“你这有点艺术行为了，你创造的无数个影像孤本，散布在你走过的每个地方，那些唯一的不可复制的影像，串起你走过的所有路。”我开始没想到这么多，听他这么一说，感觉也是个募集胶卷的很好说辞，“影像孤本”“不可复制”至少听上去挺像那么回事。但在征询另一位朋友的意见时，他有点严厉地说：“为什么要加上你半懂不懂的词汇，本来就是免费为人拍照，你不是没有胶卷的钱，你只是想让更多人参与其中。如实表达岂不是更纯粹，更能打动人……”于是，我放弃了大肆标榜“影像孤本”什么的。

最近我和一个朋友正在制作一个网站，其内容就是倡导旅行者尽己所能“给西部孩子一张自己的照片”。说实话，网站制作进度缓慢，但我安慰自己，万事开头难，至少我们已经在做这件事情。同时，也要在此感谢那些给予我帮助的朋友，还有捐钱买胶卷的朋友。

沈醒狮　《纹面女选干部》作品心得

独龙族是我国人数很少的少数民族之一，全民族仅有6 000人左右，其中5 170人（2006年统计数字）生活在云南省怒江傈僳族自治州贡山独龙族怒族自治县境内。

独龙江位于我国西南边陲横断山区，周围4 000米左右的山峰星罗棋布。东边是高黎贡山，西边是中缅两国的界山担当力卡山，南边是缅甸，北边是西藏，此地相当封闭。特别是每年12月至次年5月，大雪封山，独龙江地区与外界完全隔绝。

由于交通不便，信息不灵，独龙江地区生产力落后，解放时尚处于原始社会家庭公社解体时期，刀耕火种生产，刻木结绳记事。正因如此，独龙族保留了很多原始的东西，成为社会学家、人类学家研究的活化石。

图6-3　沈醒狮　《纹面女选干部》

2003年，我去独龙江开展安徽省教育厅“独龙江民俗研究”项目。7月17日早晨7:30，我从贡山县城乘越野车出发，途中徒步翻越3 761米的黑普破洛亚口，历尽艰辛，次日凌晨抵达独龙江孔当村，恰逢18日下午孔当村选干部。我在会场发现一位罕见的独龙族纹面老大妈在极认真地参与，我及时抓拍了她选干部的全过程。

独龙族人居住分散，甚至一两户人家居住一个山头，要想参加这种会，有的要走一整天才能到会场。没想到，人来得挺齐。选举过程非常规范，清点人数—宣读注意事项—填写选票—投票—计票，一切都很严谨。在天涯般遥远、连电话都没有的闭塞地区，能看到活化石般的纹面女参加选干部，充分体现了中国社会的民主化进程。

《纹面女选干部》组照获“中国-欧盟希望杯”摄影大赛纪实类金奖。2005年5月18日，欧盟驻华使团的塞日·安博先生在北京亲自为沈醒狮授奖。

自我塑造的雍正皇帝

雍正，姓爱新觉罗，名胤禛（1678—1735年），满族。雍正所处的年代摄影术还没有诞生，但有宫廷画师。在雍正亲自主持、参与和指导下，宫廷画师创作了一系列《雍正行乐图》。这些作品更多的是皇帝自己的角色设定和视觉塑造，寄托了雍正化身“天下万民”的理想，这也是他在繁忙的宫廷公务之余的娱乐、审美和精神世界。

图6-4　资料图片

雍正六岁进尚书房，主要学习内容为四书五经，同时也学习西方数学和音乐。雍正崇仰佛道，自号“破尘居士”“圆明居士”，宠信道士，迷恋丹药。雍正善于治国，懂得韬光养晦，尊释教道学，自称“天下第一闲人”。雍正即位后十分勤勉，按照今日事今日毕的原则办事。雍正在位13年共4 000多天，汉文朱批奏折35 000余件，满文奏折7 000余件，平均每天要批奏折10余件。《雍正朝汉文朱批奏折汇编》16开，凡40册，涉及满汉官员1 200余人，字数逾千万，相当于120回的《红楼梦》大约14部。此外，雍正帝还写了500万字，两项加起来折合20部《红楼梦》的总字数。也就是说雍正13年时间每天至少要用毛笔书写3 000字。

雍正的视觉塑造和角色设定非常精彩，从诗词歌赋到琴棋书画，从游山玩水到狩猎游戏等，丰富和提升了雍正能文能武的皇帝形象，直观展现了雍正的生活情趣和内心世界，反映出雍正并不完全是民间传说的那么冷酷、铁血、残忍。雍正喜欢玩赏钟表等西洋事物，猎奇并追新求异，最早穿西服并叫宫廷画师前来画像，但雍正最终没能跳出宫廷和历史的局限。雍正重农抑商，执行海禁，不许中国商人出洋贸易。因雍正皇帝个人眼界的局限，大清朝失去了和西方国家展开经济、贸易和文化等深层次往来交流、互通有无的机会与可能，渐渐拉大了与鼓励并积极拓展海外贸易的西方先进国家的距离。

雍正是一位勤政的帝王，工作之余，他喜欢让画家们给自己绘制画像，这其中，尤其以行乐图的数量居多。

为了丰富雍正的宫廷生活，画家们不遗余力地把雍正真身纳入画面中，让雍正在画作中扮演各种不同角色，从高人雅士、到山林野夫、到弹琴的高士、到江上的渔翁，画中人或抚琴弄墨、或采菊东篱、或独钓寒江……画家通过这种方式来博雍正一笑，《雍正行乐图》正是由此而来。

“行乐图”是中国画的一种常见形式，一般以描绘皇室贵族的娱乐生活为主。据中国最早的绘画著录《梁太清目》记载，中国在南齐的时候就出现了“行乐图”。

雍正的这些行乐图的特点都很鲜明，画面主题和意境以宁静、恬淡为主，这也表现了雍正的趣味和审美——正如他诗中所描述“长伴予游鹤与松，何烦扈跸得从容”。雍正的行乐图还有一个特征，就是服饰的类别非常丰富，在行乐图中，除了穿着汉服扮演文人村夫之外，雍正还会穿上蒙古族、藏族、甚至西洋服装“出镜”。这在中国古代书画的行乐图中，可说是史无前例的。

比如《雍正行乐图之打虎篇》中，画中雍正皇帝就穿着欧洲古典主义风格的服装，拿着三叉戟和老虎对峙。中国民间故事和西方人物形象的大杂烩，营造出让人忍俊不禁的效果，这样的一张行乐图，无疑能够非常好地达到让雍正开怀一笑目的。

图6-5　资料图片

秀肌肉的普京

弗拉基米尔·弗拉基米罗维奇·普京，俄罗斯第2、4任总统。曾担任俄罗斯总理、统一俄罗斯党主席、俄白联盟部长会议主席。

普京作为俄罗斯的国家形象代言人，“可上九天揽月，可下五洋捉鳖”，这个铁腕治国的硬汉多才多艺，文能弹钢琴，武能打老虎，曾获得柔道比赛冠军，同时也是摔跤和山地滑雪好手。曾裸露上身钓鱼、策马奔驰秀肌肉。他在水中戏鲸，骑过哈雷，开过飞机……在现在复杂多变的国际形势和国家情况下，俄罗斯人喜欢、欢迎、希望有这样一位无所不能的总统。

普京致力于复兴俄罗斯超级大国地位，对内加强联邦政府的权力，整顿经济秩序，打击金融寡头，加强军队建设；对外努力改善国际环境，拓展外交空间，维护本国利益，在国际舞台上恢复了世界性强国地位，整体提升了苏联解体后的俄罗斯的国际地位，在对内外政策方面偏强硬，在民主方面遭到很多争议，被认为是一位“铁腕总统”。2015年，俄罗斯人对普京信任度高达85%。普京被《时代》《福布斯》杂志评选为世界最有影响力人物之一。

什么也没有做的总统奥巴马

贝拉克·侯赛因·奥巴马，1961年8月4日出生，美国民主党籍政治家，第44任美国总统，2008年11月4日正式当选为美国历史上第一位非洲裔总统。

奥巴马2009年获挪威诺贝尔委员会授予的诺贝尔和平奖，以表彰他在促进国际外交和各国人民合作所做出的非凡努力。对于奥巴马获诺贝尔和平奖，多数观点持肯定态度，认为他作为世界上最强大军事力量的领导者以及他所倡导的无核化理念，是全球和平的希望，还指出他是唯一一位向穆斯林国家表示友善的美国总统。

2013年11月18日—20日，CNN和全球市场调查机构ORC联合对全美843个成年人进行了电话抽样调查，首次发现民调中超半数美国人（约53%）认为奥巴马不诚实、不值得信赖。

美国《绅士季刊》列出25位最无影响力名人，奥巴马位列第17位，因为他“什么也没做”。《纽约邮报》调侃称，奥巴马是“陷入僵局的总司令”。而俄罗斯《今日报》也称奥巴马什么也没有做——不成功的医保改革、移民政策、处理叙利亚问题的失误等。

美国前总统克林顿称奥巴马是美国历史上最糟糕的总统。美国昆尼皮亚克大学发布一项民调结果：奥巴马以33%的得票率被评为第二次世界大战以来美国“最糟糕的总统”。

图6-6　资料图片

图6-7　资料图片　美国艺术家用在伊拉克战场牺牲的美军士兵照片拼成了布什的画像

图6-8　资料图片

图6-9　李楠　《写意人生》

图6-10　陆青霖　《佛光下的孩子》

图6-11　陆青霖　《铜陵铜官山》

图6-12　陆青霖　《大通古镇码头》

图6-13　陆青霖　《建设者》

图6-14　陆青霖　《印象：云南》

图6-15　资料图片

图6-16　资料图片

图6-17　资料图片

图6-18　马良　《我的马戏1》

图6-19　马良作品

图6-20　资料图片

图6-21 资料图片

图6-22 李哲作品

图6-23 杨静、李朝平作品

图6-24 左右作品

图6-25　张卫华　《城市系列》

图6-26　张卫华　《798印象》

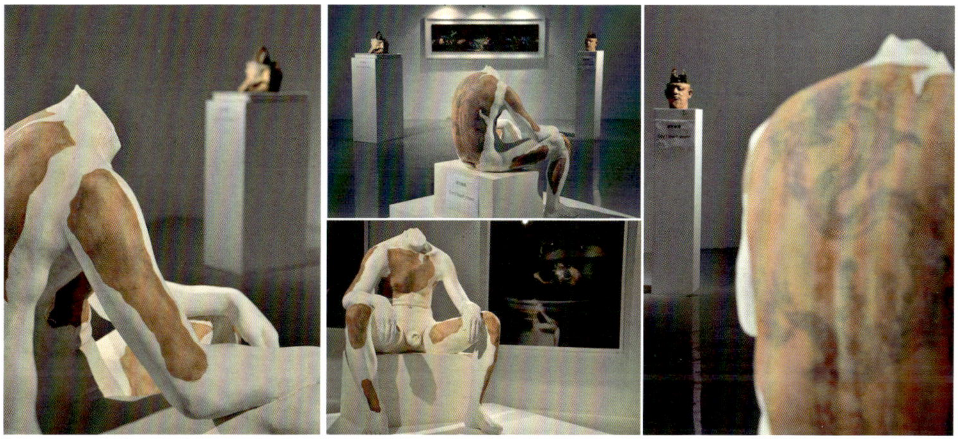

图6-27　周卫星　《798》

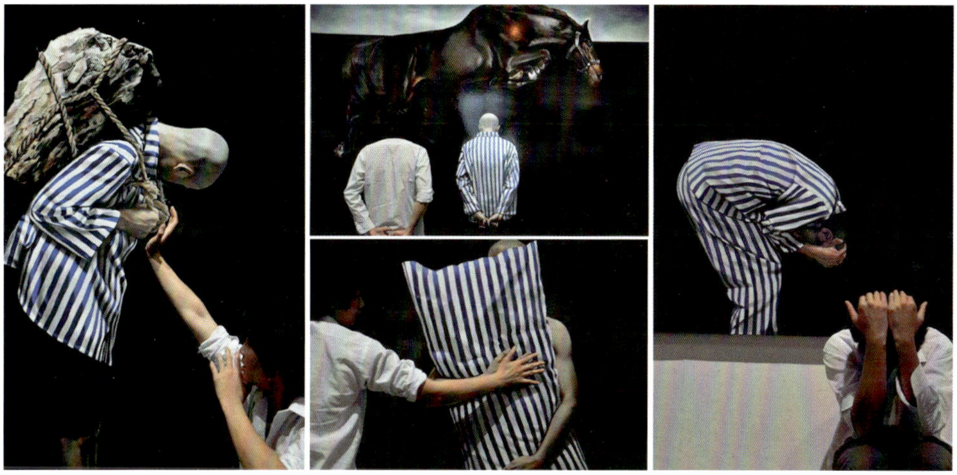

图6-28　周卫星　《798失言》

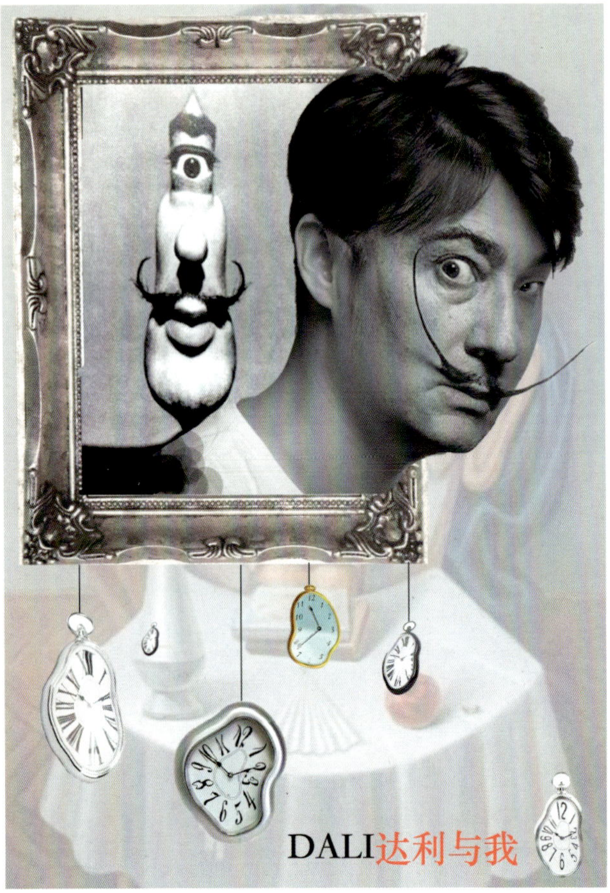

图6-29 邹韩欣 《致敬达利》

图6-30 贾梦晨 《多彩的我》

图6-31 刘静雯 《梦：图书馆》

图6-32 张振 《自我狙击》

图6-33 杨雨 《独自成长》

图6-34 于亦楠 《十月烟花》

图6-35 涂方宇 《向阳花》

图6-36 资料图片 观看，是人们认识世界的开始